繪夢烏石

山海、平原與族群的交會之境，頭圍歷史寫生

馬丁 繪・著

目次

自序　美麗的所在　5

楔子　9

共生　15

美麗所在　19
龜蛇福地　24
宛若桃源　25
雨的平原　28
歷史探隙　31
隨季風與洋流而來　33
伊甸初闢　36
躁動　38
交會前刻　42

交會　47

海隅　54
悠然時光　55
平原的心跳　58
初探　64
驚現　65
尋桃源　68
翻越　72
蘭城鎖鑰　73
北之關　78
山海靈魄　79
初入平原　82

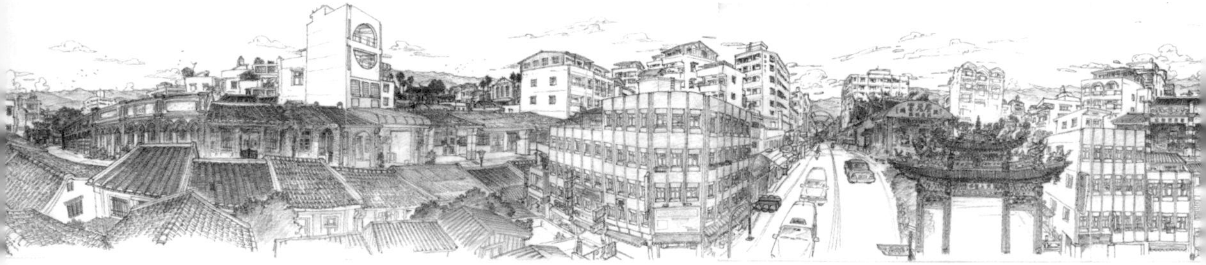

啟業 87

平原堡壘 93
防禦 98
庇・蔭 99
虔敬 102
夢樣年代 103
開蘭啟業 108
石港春帆 109
眷懷港岸 113
繁華若夢 116
行郊碼頭 117
依岸 123
春帆暮色 128
海寇 129
寇犯石港 132
甜美山泉灌溉的土地 135

安土 139

春帆夢境 144
夢見石港 145
石港夜色 151
頭圍秋夜 153
倚岸望帆 158
桑田前影 159
歸土於斯 162
行板而訪 163
河與海之間 168
消失的村落 172
擱淺 176
帆影 177
被遺忘的「鳳萊市仔」 182
河道邊的果菜市集 183
天地人鬼間 188
英靈同歸 189
暗夜晶亮的角落 191
看搶孤 196
曾經桑田 197

後語　心中的桃花源・還在 201

自序　美麗的所在

心中有一處美麗的地方，是熟悉和依賴的情感所在，是對遙遠過去的浪漫想像！

背雪山、面大海的頭城，是開發蘭陽及現代宜蘭人的源起之地，它曾經帆檣林立，商賈雲集，地處鎖鑰。

如今，物轉星移，繁華歸於平靜，但獨特的山海空間，豐富的人文歷史，蘊含其中的文化氛圍，讓頭城仍保有不同於平原其他地方的特出氣質。

蘭陽平原的開發，晚於臺灣西部，但由於前人的戮力耕耘，設治經營，興港開埠，建書院，倡文教，文風鼎盛一時，素有「淡蘭文風冠全臺」的聲譽。拓殖早期，宦遊蘭陽的官吏、詩人，或抒發、或寫景、或記事，留下了諸多篇什，他們對石港、檣帆、氣候、風土、勝景的描述，記錄著那個久遠拓墾年代的某些樣貌，總令人好奇與嚮往，興起無盡的美麗遐想！

歷來家鄉的人，總以開蘭背景與文風傳統而自豪，對家鄉一直存在著許多美好期待與願望。不同年代，輩出不同的人物；不同時期的人物，做了許多不同的努力與付出，拳拳的愛鄉之情，可言可喻。

故鄉對我而言，除了有熟悉的山海景貌，嚮慕的人文鄉情之外，尋找重新體會歷史時空、與先民開拓精神產生連結的可能想像，探求浸沐其中的新的幸福方式，滿足渴求浸潤的情緒，是貼近它的另

頭

一種方式！

對此，藉由《繪憶．頭城》的書寫，想找到屬於自己心靈的回家之路，嘗試描繪關於自己所經驗過的生活，搜索深藏內心的生命片段後，仍不能完全滿足，卻停止了探求那個深層美麗夢境的腳步。

想著，那個比所閱聽的過去，更久遠、更富想像的「遙遠時空」，嘗試進一步貼近它，想像那個沒有人經歷過的夢樣年代，會是一個如何的模樣？設想石港春帆描繪的景致，和秋夜平湖吟誦的氛圍！如同對一個未知身世的渴望探索，那是存在於情感意識裡的另一種深層鄉愁！也許，做一場隨意念穿梭時空的夢，讓我們能更具象的體會與感受過去，而更加容易看清現在，或許對未來也能有所啟發！

「鄉愁未必都是愁，意念本身卻是美」。

為了那份對美麗所在的探索動機，以浪漫面對，憑藉情感作為美學經驗的實踐手段，突破理性作用，帶著感性、浪漫和眷戀情愫，心能自在穿梭於山海之間，游弋於時空的領地，重新用一個未曾見識或想像的視覺經驗和角度，思索頭城在蘭陽平原的文化位置與歷史意義，讓心中美麗的所在，不再那麼遙遠未知，而能是更熟悉，更可以倚賴的情感所在。

楔子

……林盡水源，便得一山。山有小口，彷彿若有光，便舍船，從口入。初極狹，纔通人；復行數十步，豁然開朗。土地平曠，屋舍儼然。有良田美池桑竹之屬，阡陌交通，雞犬相聞。

——陶淵明，〈桃花源記〉

一千六百年前，怡然自若的歸田詩人，給了後世人們一個古意盎然，極富想像和趣味，又遺世獨立的樸真美境。

千百年來，這個現實上難以存在的避世空間，卻成為了歷代人心渴望覓尋自由，夢求超然的化境。在不斷「尋向所志，遂迷不復得路」的追索下，依然能讓人甘於相信，真有這樣美好的世界存在。期望或許有那麼個，在真實世界的「假」裡，也可以暫時尋得須臾平靜，隱存片刻虛幻的想像，試圖獲取一絲存在想像世界裡的「真」，而心有所向，且身能所往矣！

先民渡海涉險，渴求拓墾機會，尋找安身立命之初，必然對蘭陽平原的豐腴沃野充滿想像，並將其視為難得覓尋心靈自由，於困境中重生的希望之地。

前人，對於彼時現實所將面對的，未必能以浪漫的角度看待，但內心，必潛匿了某種嚮往美好的

2018

期待，對那個未知前途的不明險地，仍存有許多寄望，盼能成為擺脫困厄的立足新地，而尋之所向。經過兩百多年的耕耘，那個當初犯險探尋的新生地，如今，已成為可生息傳衍的家園。對於在這裡安居數代的現在宜蘭人來說，早也認定為可以立命安身的心靈故鄉，而以桃源之境看待。

自十五世紀後，歐洲海權意識興起，面對大航海時代的來臨，歐洲人依靠著季風與洋流的推動，拉開了人類史上，地理大發現的冒險與探索的帷幕。基於經濟與政治的雙重利益驅使，西方列強開啟了海外貿易之路，尋找建立殖民地的擴張歷史，地處於東亞大海中心的臺灣，因此也進入了新的歷史階段。從十七世紀起，荷蘭人開啟了臺灣三十八年的荷治時代，其影響力遍及整個臺灣西部。而此同時，在東亞與荷蘭人處於競爭狀態的西班牙人，勢力則盤據著臺灣北部一帶，其中，就包括了舊稱「蛤仔難」的蘭陽平原。

依山面海，東臨大洋，地理上相對封閉，自古即有「別有天」之稱的蘭陽平原，於清嘉慶初年，漢人入墾開始，正式打開了改變的大門；利用位處平原北端烏石港的海運入口之便，進入了近一世紀的漢族文化、農耕開發的清領時期。

一八九五年，清日甲午戰爭，清廷戰敗，臺灣進入了新的階段，經歷劇烈的政權更迭，平原也由清領進入了日治時期。十九世紀末，烏石港因山洪氾濫而淤塞；二十世紀初期，鐵公路陸路交通的漸次開闢，取代了海運。在這雙重的衝擊之下，烏石港退出了歷史舞臺，蘭陽平原，又一次面臨改變，開始走上近現代的開發歷史。

自二〇〇六年雪山隧道開通以來，這個長期處於相對封閉的美麗平原，又再一次面臨歷史發展中最大的變化階段；樸實恬適的地景人情，正在承受這一波更大的改變壓力。

早已習慣了家鄉原本樣貌的宜蘭人，對於這樣的改變，一直存有著既複雜且矛盾的憂慮與不安。不知向來心中認同的美好地方，存在於集體潛意識裡的桃源之境，將會變成什麼模樣？有所謂「圓了外鄉人的田園夢，卻毀了自己的桃花源」的說法，說明了這樣的認知與擔憂！

歷史巨輪不停的往前，面對一次次的改變，人能奮力阻擋的，微乎其微。

從大坌坑文化、大竹圍及丸山遺址的發掘，已知宜蘭從新石器時代開始，到距今約五千至兩千多年前，直至距今一千多年以來，在平原土地上形成了噶瑪蘭文化。

在漫漫時空長河的演進中，伴隨著不同的發展時期，人力所無法抗拒的，關於自然之天候、水文、地形、地貌的變化過程。似乎自然所發生的一切「改變」，本就是一種「不變」的常態；現代科技與人為的作用，或對改變的進程產生過些微的擺盪，但大趨勢終究非人力足以抵擋；特別是曾生存其間的「人」，來來去去，也只不過是這個轉動巨輪的流光一瞬而已！

自漢人先民拓墾蘭陽肇始，兩百多年來，從當時的翻越到如今的穿越，從草嶺到雪隧，隨著時空的轉變與推移，我們身處其中，對所在的過去，僅極其有限的理解與體認。這些僅有的認知，是如今我們唯一可以回溯的憑藉。於悠遠而漫長的歷史演進中，我們有太多的未知，手裡能掌握的，也許仍不足以讓我們完全看明白自己的過去與未來。要能認清「人」在綿長的時空背景下，所處的那一瞬位置，就必須更謙遜的看待腳下的這土、這水、這山海，氤氳其間的風雲雨露，以及一切所有曾經來去這片土地上的生靈。

但我們嘗試在對過去僅能掌握的理解與認知中，盡可能往前再推進一步，展開另一種內在探索，如同嘗試發現自己的未知身世一般；又像植物的根，極力伸展到盡可能探觸的最遠地方，吸吮著來自土裡的滋味，最終能蔓枝散葉，而看見開花結果的生命極致樣態。這一切，都會與那個不曾經歷過的過去，存在著某種直接或間接的生命關聯。

因此，個人便嘗試著，從能找到或閱得的有限文獻資料，遊宦詩篇中的描繪，和自身對平原地理、水文環境的淺薄理解中，捕捉乍現的吉光片羽，讓內心無拘無束的想像，自在遊走。從自身情感出發，以文獻記述作養料，尋找那些記載和描繪裡的隻字片語，作為建構心中想像畫面的參考來源。

本著為自己寫，畫給自己看，尋找自我探索途徑的初始動機，不是為文獻記載考據而來，全憑一腔直憨傻勁，以及對家鄉懷有的深情痴心，試著想像、摸索，捕捉那存在於心中已久的美麗幻境，會是一個什麼模樣？試著描構，那個可能曾經存在過的平原美好樣貌，滿足自己對於「遙遠」故鄉的渴望貼近。從而，探尋一種似真若幻，又遠又近，屬於自己心底最純粹的「真」實美境！

近年來，因雪山隧道開通的便利，回家的次數增加，頻繁穿梭其間。常會在單調又重複的封閉隧道裡，重新將剛剛隧道外，所經歷過的一切，反覆咀嚼，那大山底下隱藏的一段幽閉與片刻，似乎給了山外的世俗與喧囂，一個難得的靜思機會。

「山有小口，彷彿若有光」，常常在一穿出封閉隧道之後，對山外俗世的一切，有了不同的體悟，思維似乎能重新獲得更為縝密的決斷；在尋光而出的「豁然開朗」，又有乍見「良田美池桑竹之屬」的桃源夢境的美妙聯想；在「此中人語云：『不足為外人道也。』」的擔憂心理外，也許，我也可以用一種未曾見識或想像的視覺經驗與角度，娓娓道與他人知，關於那個深藏內心，遺世樸真的美麗所在！

共生

每一個地方，都會有屬於它自己的生存樣貌。一個地方所擁有的獨特自然環境，它的山川江河、土壤氣候、海流潮汐等……經過長時間的累進演變，逐漸穩定下來，於是有了屬於自己的樣貌。

其間，曾經在此生長繁衍的各類生靈，在此活動的各樣族群，為了適應當時的環境，而有不同的繁衍方式，建構出不同的生存空間，這一切構成了能散發出獨特風土氣味的地方。生長其中的，不論是生物或人們，一旦適應了，將逐漸與所處環境調和，形成一種特有的「水土」。倘若驟然離開了這樣熟悉的生存環境，必然產生「不服」的現象。這種特有的「水土」氣息，也必將依附生活在這個地方的人們與生物。這樣的適應調和的生存狀態，是生理的，也會是心理的，而最終成為一種專屬於這個地方，獨有的環境認同和演化記憶。

蘭陽平原三面環山、東面向海，對外封閉，自然地形特殊，自古即有它獨特的環境性格，並形成獨特的自然與人文樣貌。

一六三二年，一艘西班牙船隻漂流到蘭陽平原，與生存在平原上的噶瑪蘭族先民，有了最初的接觸與衝突，從此擾動蘭陽平原千百年來的平靜。原始樸真的平原面貌，從此展現在世人眼前。

到了十八世紀末，因漢人入蘭拓殖，這個在極長時間裡隔世存在，罕見於文獻記載，彷彿混沌初闢的世外桃源，終究要面臨有人類在這片土地生存活動的數千年來，最劇烈的變遷歷程。爾後，歷經了近兩百多年的接觸、轉變、融合、交織的族群衝擊過程，遂逕自形成了現代宜蘭所呈現出來的樣貌。一個曾經近乎遺世獨立，自在生活在平原的部族「噶瑪蘭族」，也在這個無法抵擋的歷史進程中，逐漸從平原上消失。那個屯墾開發前的地景，與生存其間的族群生態，如今，也只能依賴豐富的想像，或許能稍加窺探；以及寄予浪漫的感性，才能神遊了。

聞道黔中雨勢偏，秋冬蘭雨更連綿。氣迎塞北風掀浪，地處瀛東水上天。補石欲邀媧再鍊，變桑誰信海三遷。可憐沖壓艱修復，租稅年年泣廢田。

——董正官，〈漏天〉

蘭陽平原，一個經常浸潤在雨水中的平原，隸屬亞熱帶的季風氣候。秋冬兩季盛行的東北季風，常夾帶大量水氣深入平原腹地，沿著逐漸抬升的平原地形，一路到達西面的崇山屏障，畚箕形的自然地形，截留了大量可觀的水氣；加上春季常常盤桓不散的梅雨，與夏季常有的季節性颱風侵襲，因此平原的雨水豐沛，溼潤環境成為宜蘭的自然特色。

一八四九年擔任噶瑪蘭廳通判的董正官，初上任就以許多古典詩歌記錄了這種如漏天的蘭雨盛況。

全年豐沛的水氣，被環抱平原的大山峻嶺攔截，孵育出舉世罕見蒼鬱的濃密森林。多元共生的茂盛植被，包覆著林木山石，像是個巨大的天然海綿，飽含水分，孕育出古老而繁複的原始森林生態。千萬年來，蘊含而飽滿的天地水源，從廣袤的高山與縱谷涓滴滲流，一路潛伏穿行於山野丘陵中，蔓延於平原密林，蜿蜒至低地沼澤，浸潤了整座平原，然後東流而去，沖破積沙阻絕的海岸線，咬出入海河口，於是大洋展露眼前，便望見孤懸海上謎一般的龜山島。

千萬年來，雨水、山洪與砂石沒有間斷的交互作用，形成壯闊的山海大觀。而那年年來自海上的無情風暴，曾經如何狂肆侵襲，使平原歷經無數次摧殘與重生的過程。越過龜嶼，撲向平原，不曾間歇的暴雨狂潮，是否曾經帶來迢遙遠方的生命種子，讓它有幸停泊在平原的某處土壤裡？無垠的浩瀚大海，終年推波送浪，又曾在何時？什麼樣的機緣？帶來不知源自何處，不知遷徙原因的生命形態和古老部族，在平原一角尋求重生機會。迢迢時空長河，就這樣一再重複陳演不斷登岸與離岸，存在與消亡的自然韻律。

千萬年來，永無休止的季風與洋流，不盡的流轉，無論它將會帶來什麼生命訊息，寬闊包容的靜默平原，從來都是無私接納，歲歲年年，生命在不斷的變動中，一次又一次的調和與適應、競爭與消長。

生命種子，降臨到一個全新世界，歷經長時間的演進，從藉著自然機緣闖入的外來物種，演化成了適應這一方「水土」的特有品種。生命種子落腳之初，有的終能成為適應這個新棲息地的幸運者，有的則是遭遇淘汰滅絕的命運，顯現了大自然既有完全的包容力又殘酷的性格，正是所謂的「天地不仁」——那是自然本身啟動的作用時時在「改變」，而改變背後的「不變」法則，與這無盡寬闊且深奧的自然相比，「人」的存在，又何其渺小。

在人類的生存歷史裡，從來就不缺殘酷性。競爭與淘汰，又何曾中斷過它的試煉。我們做不到自然所演示的寬闊與無私，也許，我們可以極力學習它的包容，接受自然給予的必然改變，面對演進的必然規律，接納自然所發生的一切。

我們都只是這個必然規律，適應與融合過程中的一分子，所有能適應生存下來的，最終都屬於這片土地最值得珍愛的固有物種。

這片土地，曾經接納了我們披荊斬棘的先民，這也提醒我們，準備接納和包容未來新的移入者。

過去所有曾經來過這片美麗平原的一切物種，都是形塑這裡獨特樣貌的參與者，就如隨季風與洋流而來的生命種子，或有不同來源與時間先後，一旦來到此地，努力適應了這方「水土」後，在新的棲地演化成為特有種，落地生根，新舊共存，沒有原生與先後的差別，因為一切最終都融入了這片溫潤豐腴的共生土壤。

歷史是不停變遷的過程，我們以之學習更加開闊的看待過去、凝視現在。我們以對過去所能理解與想像的，省視存在的根源，謙卑看待自身所處的位置，尊敬和我們共存的一切，明白「改變」從來就是一個「不變」的常態。適然面對它的「改變」，或許我們能從自然演化中，體會到融合的力量，發現共生共榮的合理性與必然邏輯，而後能找出屬於自己的真正樣貌。

歷史是改變的過程，它也正在錘鍊鍛造那豐富而足以細細品酌的蘭陽樣貌；一如山重水複或是柳暗花明的蜿蜒視角，總會存在於九彎十八拐獨有的行途驚嘆中。

美麗所在

按此地乃臺灣山後極東之區。其西南諸峰，環繞朝護；北起雞籠尖峰，從遙暗拱；東面海岸復有沙堤百里為關攔。且海水汪洋中特起龜山，蔚然青秀，居於寅位。龍氣從乾轉辛而發，落脈平陽，突起

2018

員山，居於申方；從庚而轉，拓開平原數十里，真大有為之地也。

——《噶瑪蘭廳志・卷二》

蛤仔難在臺灣之東北，淡水之背也。臺灣綿亙千餘里，背陽向陰，水皆西流；而蛤仔難則背陰向陽，水皆東流，故其地當為臺灣之正面。

——《噶瑪蘭志略・卷十三》

「蛤仔難」，西背雪山山地，重山陡峻，與臺灣西部隔絕，這極東之區，自成天地。平原由山脈、平地、海岸，西向東次遞而降，而以平原東北地勢最低。平原的河系，由西下行，受阻於沿海沙丘一線西側，便折向東北，緩緩流向頭圍方向，從烏石港口出海，形塑了早期平原內陸河道航運的基本樣貌。這條舊稱西勢大溪的河道，早在嘉慶初年，漢人入墾前就已存在。兩百年前的烏石港，如今，只留下令人懷想的黑色礁石佇立，靜默的印證著當年的歷史事實與地理形貌。

數百萬年前造山運動，菲律賓板塊與歐亞大陸板塊碰撞，從海中浮現出了今日的臺灣島。東海岸一角，高山與海溝上下落差萬尺，南澳一帶，有著最古老的地殼撞擊岩層，年輕陸地形成的雪山山脈與中央山脈間，不起眼的小裂縫，經千萬年的張裂沖積，而成如今蘭陽的百里平疇。

年輕與古老，我們所站的這片土地，背對世界最大的古老陸塊，面向世界最寬的深邃海洋，一個海與陸的前沿交會之地，實當為臺灣之正面。

2018.3

龜蛇福地

有清一代，將臺灣納入帝國的版圖，位處後山的蘭陽平原，是臺灣開發較晚的地區。那片隱存於後山，群山環抱，東面向洋的一隅祕境，曾散居著千年自在生活的「人」。直至另一群視他們為「番」的人闖入後，帶來了相對發達的農耕文明，開始往後兩百年的平原開發歷史。一片本如桃源的世外美地，終成了他們設想的良田美池，而為世代生居之所。

當開拓先民翻越草嶺險道，經山海當間的羊腸小道，跋涉而來，到達眼前的這個平原展開之處，極目平疇，溪港分注的新生沃壤時，必是忘卻沿途辛勞，並為此景象，感到驚嘆而亢奮的吧！

噶瑪蘭志略：「……幅員袤斜，山形彎如弓背，皆由東南而趨西北。水源則支分兩派：一由西北出烏石港，一由東出濁水溪。攬其全局，皆背西而向東，眾流歸大海焉。」

空間封閉而多雨的自然條件，造就平原地形的自成一格，形成風水地理上的「龜蛇把海口」之說。海上有峙立的龜山島，陸上則有沿岸一路綿延，港口沙線一道如蛇，似護衛寶地的神靈，地理形勢特殊，讓道光之初，入蘭先民自武當迎奉北極玄天上帝金尊至此，在這個平原漸開，山海、河港交會之地，立廟奉祀，以祈得風調雨順，保佑黎民平安。

當初，冒險渡海來臺，試圖尋找一個安身立足之地的漢族先民，也許看過眼前這河沼遍布、密林盈野的一幕，想像這個未來平原開拓的起點，爾後會成為如何的樣貌？也許，這樣的想像，比不過如何面對眼前不確定處境而尋求生存的問題來得迫切。但先民即使充滿著未知與驚懼，卻能一往無前，那是基於對美好前景的期待，和心中有個美麗所在的追求渴望！

宛若桃源

那是一個只能賦予想像，無緣見識的古早年代，宛若世間天堂。想必那時，定有一種未被雜染的純淨與平和，質樸而安然。遙遠歲月的海角祕境，天道自然循環，萬物和諧欣榮，只隨順風雲雨露變化，日月星辰流轉的純真世界。

如今，自然萬物，生生滅滅的流轉過程，有些樣貌隱約還存在，更多的會是消失，與更多的改變。矗立海上的龜嶼，身影依舊，群山依然環抱，那經年不間斷的風雨浪潮，以從不遠海岸傳來的低鳴方式，表達了它恆久的存在。曾經，一群繁衍在平原低地，傍水而居，以漁獵和原始農耕運作著，自在生活在群鹿、山花環繞畫境裡的「人」，自由享用著大自然所供給，似從不匱竭的魚蝦蟹貝、鮮果草木。千年前，他們隨洋流遷徙「來此絕境，不復出焉」，有如遙遠世界海角一隅，隔世而居的桃花源人！

千年之後，深能體悟陶潛追尋「人境」的渴求，尋求擺脫世俗名教約束與虛偽禮制的另一群「人」，發現了這片璞真又豐腴的土地，帶著他們「開發」的認知和主觀意識，尋求能實現「日出而作，日入而息」的簡單願想，和「結廬在人境」的平靜生活追求，來到這個僻靜了千年的世外之地。

初來，見此一切純淨與平和，似有一種可立身於現實世界，猶能隱逸歸田、悠然自得的生活希望，而終能期盼成為「阡陌交通，雞犬相聞」的安居之所。

理想世界或不可得，追求理想生活的願望，不會或滅，對宛若桃源世外的美好想像，會是人心復返自然，反璞歸真的自然追索，雖千年亦往矣！

雨的平原

蘭陽平原，一個時常浸泡在雨水中的平原，是幼年對家鄉的大部分記憶印象。

一句「竹風蘭雨」的地理俗諺，說明了宜蘭下雨的頻繁景況。陰雨綿綿，如煙似霧，難得見晴的天氣，從春雨開始，經彷彿沒有止境的梅雨季節，到了夏秋之間，常見由海上襲來的颱風，而後東北季風來時的溼冷，讓冬季顯得特別的漫長。

豐沛的水氣，醞潤著平原，如掛了一張灰濛濛的幔帳，密密斜斜織著雨的故鄉，一年到頭的雨水天，是一場沒有謝幕，溼漉漉的夢。

幼時，常在那細雨霏霏的梅雨季裡發呆，望著陰靡蒼幕，空氣中飽含著厚重水氣，屋裡牆上冒出來的水珠，早已串流而下，地板上總是溼潮著令人發慌。那好像永遠不會乾的頭髮，和著一點憋急了的汗水，

2017.8

沾粘在不甚情願的額頭上。在那樣的時節，屋裡屋外不分，人也變得沒勁道。

那時，哪還懂得體味那種環境裡的迷濛美感，有的只是急切的盼著天晴來時，能見得四邊滿野的鮮翠氣色，和那明晃的街巷光影。

清代入蘭任通判寫下〈漏天〉詩的董正官，應是最了解蘭陽天漏的景況了。

多雨的蘭陽平原，陰翳潮溼的氣候環境，對於常年浸潤其中的現代宜蘭人，或早已習以為常。但對於清代來自中國大陸其他不同省分，被派任到宜蘭任職的官宦遊吏，必定會對當時蘭地的潮溼異常，有非常深刻的感受吧！

設想，經歷多年的寒窗苦讀，科考進仕，最後被分派到隔海遙遠的臺灣，已是不易。這一路還得翻山越嶺，到了這個陌生的海角之濱，此時，若逢季節時雨，望著陰霾不開的封閉平原，心中將是如何的鬱抑難展呢！不過，雖是如此，這些遠離家鄉，入蘭為官的傳統讀書人，以其所受的聖賢禮教訓練，卻也能本著經世濟民的理想與責任，仍為開拓初期的蘭陽，奠定了治理基礎，並就其遊歷所聞、生活感悟，吟詠賦詩，為剛剛登上歷史舞臺的平原風土民俗樣貌，留下珍貴的描繪紀錄。

依山憑海，東臨大洋，地理上的封閉，自古即有著「別有天」之稱的蘭陽平原。從十七世紀起（一六二四至一六六二年間），荷蘭人開啟了臺灣三十八年的荷治時代，影響力遍及整個臺灣西部大部分地區。於此同時，與荷蘭人處於競爭狀態的西班牙人，則盤據著臺灣北部一帶，包括舊稱「蛤仔難」的蘭陽平原。

大約四百年前的世界，由於地圖學、造船與航海術的發展，人類有了更大的能力探索這個世界，歐洲就此展開了前所未有，史稱「地理大發現」的海權時代。西方人利用準確的測量經度和航海實力，帶著強烈拓殖和貿易利益目的，隨著海洋季風，航向了印度洋和中國海，最終，來到遙遠世界另一端的「福爾摩沙」。

當時，處在東亞大海之上的臺灣，還是一個混沌未開的世外桃源，雪山背後的天地，更隱沒在世人的眼底。這時的世界，還沒有電力、通訊，也沒有汽車、飛機，人口僅數億而已，世界絕大部分的人口，仍處於農業社會狀態，可能與他們數千年以來祖先的生活狀態，相差無幾。

那時，世界的樣貌，與現在大不相同。想像那個只能依靠人力與獸力，沒有機械動力的世界，僅能依賴著風力來航行移動，世界的概念，遠比現在要寬闊許多。世界範圍的各帝國與國家領域相對模糊，國界的劃分亦不似今日，許多現代所知的國家還不存在，現代意義上的國家體制，在大部分地區，也還沒真正建立起來，更不會有國家海洋領域這碼子事，浩瀚而寬闊的海洋，提供了這時的人類無限探索的可能，對未知世界提供了無限想像的空間，各地民族的宗教、風土的差異明顯，讓那時的世界，想來就是多彩繽紛，

精彩紛陳。

然而，透過航海的途徑，人能穿越空間隔絕的迷霧，發現從未見識過的新世界，打開了從未有過的眼界，給人帶來了新奇與驚嘆。但彼此的差異與誤解，卻也引來了占領與衝突、消長和死亡；彼此的觸碰與征伐，也帶來了對未來世界長遠的影響。世界在極短的時間裡，急速的改變原有的面貌，相對於人類過去歷史發展而言，四百年的變化，是何其的短暫和劇烈。

從彼此碰觸交會的那一刻開始，原來存在於世界的各種不同原色，彼此交融編織，世界將變成什麼色彩，那時，沒有人能預知！

隨季風與洋流而來

歐洲大航海時代的來臨，西方的船隊陸續出現在世界各處的海洋上，伴隨著新航路的開闢，從西方來到東方，尋找著新的貿易路線及殖民機會，在促進東西文化與貿易交流的同時，也帶來占領和衝突，對往後數百年的世界發展，產生複雜而深遠的影響。

當時，在東亞大海之上的臺灣島，除了散居島上的原住民族外，也有來自中國沿海的少數漢人，進行著少量的墾殖與貿易。大航海時代，率先打開印度洋航道的葡萄牙人，與後繼的荷蘭人和西班牙人，在遠

2018. 2

東海面，展開了商業和殖民的競爭，就在這時，歐洲人首次靠近了蘭陽平原的海面。

明天啟四年（西元一六二四年），荷蘭人退出澎湖，轉進臺灣，在臺灣南部建立據點，隨後西班牙人也盤據著臺灣北部，建立了據點。

西元一六二六年某一天，西班牙船艦，穿行於平原外海的龜山島海域周邊，窺伺著美麗的沖積平原，仰望著令人驚嘆的巍然高山。平原上生活的人，首次發現從海上隨洋流而來的巨艦，將會是何等的驚奇！

十七世紀初期，西班牙人登陸雞籠社寮島（今基隆和平島），建造了「聖薩爾瓦多城」，及東北角的「聖地牙哥城」（今三貂角），還有「聖勞倫斯」，也就是今天平原南端的蘇澳。這些散落在臺灣東北海岸一線的歐陸地名堡壘，於臺灣北部開拓初期的歷史沉積層上，留下一層薄薄的時間斷面。

到了十七世紀中期，荷蘭人前來雞籠一帶，窺探西班牙人的虛實，並伺機而動。經幾次對峙後，西班牙軍終因補給不易，無力抵抗，放棄了他們建造的沿岸城堡，最終，又再隨著當初來時的洋流與季風，以及對臺灣東部黃金探索的想像，退出了臺灣，結束了短短不到二十年的殖民統治歷史。

伊甸初闢

以居住於蘭陽平原原住民族「噶瑪蘭」為地理名稱的宜蘭，重山環繞，峰巒險峻，在漢人入墾之前，

2017.10

平原野地間，曾經滿布普遍生存在臺灣全島的梅花鹿群及野生獼猴；野川四流的平原低地，水澤岸邊，遍長著如今仍常見的棋盤腳；荒林野地則處處綻放著原生百合。

於日治初期，赴蘭地從事植物調查的日本植物學者田代安定，探查所見，臺灣赤楊那時仍常見於平原的河川岸邊；屬於樟科的楠木，亦是平原低地森林普遍生長的樹種。後因大規模農耕開發，漢人取材使用，建造家園，於是地貌環境逐漸被後來的水田、旱地、竹林、相思樹林所取代。

清領時期，漢人的農業文明進入蘭地，迥異於原住的漁獵文化，大規模的農業開發，對當時的自然環境改變，必然明顯而劇烈。透過日人植物學者田代安定的雙眼，或能窺見部分農業開墾以前，那個千年生存環境的某些真實影子。從那些普遍認知的動植物環境看來，可以隱約想像，平原在大規模開墾前的地景樣貌。再往前推想，那會是，野鹿漫遊荒野，獼猴攀竄林間，低地近水邊高處，散居著茅竹造屋的平和部落，一派和諧安逸的自然景致。

躁動

今日的蘭陽平原，經過長期漢式水田農作栽植的影響，早已不復見兩、三百年前的原生自然生態。

現在，平原冬山河流域的中下游地區，仍保留著相對完整而豐富的生態島嶼。其中，位於冬山河畔，現在仍存在一處略顯高突的小丘，臨近海濱，由河川、沼地環繞，依然保留著部分昔日樣貌的噶瑪蘭聚落「流流社」，或能藉之一窺，並想像那個久遠年代，自然和諧的原始景象。

在這個曾經的人間伊甸園，生活著千年與世無爭的漁耕民族「平原之人」，以鏢魚打鹿為生，編織採集，一切僅資口食，不貪求多餘，與自然和諧共存的噶瑪蘭人；另有一群依靠山林而居，與鹿猿共享豐茂地力，生活所需皆取諸自然，奔馳山林如履平地，剽悍善戰，堅韌而耿直，自稱「勇敢的人」的泰雅族人。

兩個各自生活在平地與高山，性格截然不同的族群，在適應彼此生存的不同領域，各自繁衍生息。豐厚的平原，為他們提供各自生存所需，在同一片共生的土壤，如何開始有了彼此的交集？數百年前，平原豐富的生態，提供生物繁衍，躍動的鹿群，會是他們想要獵取的共同目標。

也許，他們初次接觸的瞬間，會是在一次逐鹿射獵的平原密林邊界，一個彼此疑懼、互探交會的眼神中吧！

2018.5

交會前刻

無論是平原或高山，在漢人入墾前，早先，平原上的人，必似生活在如同桃花源般的世界裡。三百年或更久遠的時空，平原上河渠縱橫，草木繁茂，這裡的人，過著採集狩獵，耕織漁捕，與世無爭的日子，哪能預料，即將到來的巨大改變。

根據十七世紀中葉，荷蘭人對蘭陽平原的戶口調查，平原上的噶瑪蘭聚落，約有四十幾個，人口近萬。其中，位居平原北端的淇武蘭社，一百六十戶八百四十人，在當時，已是臺灣中北部範圍所知最大的村社了，可想，那時人口密度比現今鬆散，呈現一種自然散居的狀態。

散居於平原的各部落間，未有統治力量的束縛，彼此互不隸屬，自在而平靜的生活著。這區域河流交錯，沙洲密林交雜，部落臨著舊時西勢大溪兩岸，水沼溼地密布，人們生活在其間較高的沙丘突地，搭建起竹木為柱，茅草覆頂的高腳干欄居室，行舟四野，以採貝、鏢魚為生。

據說，噶瑪蘭人也栽植一種稱作「窪下田」的潮汐水稻，農作生產有限而型態原始。在較內陸村社，以稻米與沿海沙丘村社，如社名有煮鹽之意的「打馬煙社」交換魚、鹽所需；平原與山區村社之間，也有鹿皮交易。另一平原少數部族馬賽人，也為平原的其他部落，提供了如蓋屋、製鐵器等的勞務交換；居住在介於海洋與河流之間的哆囉美遠社與馬賽人，都可能曾擔任此區域內村社和外來者間的貿易中介角色。

如今，這片區域仍是養殖與稻米生產的肥美之地，但時空轉換，部族更迭，地貌改變，早不復見河渠縱橫，耕織漁獵的久遠樣貌。在頭城下埔一帶，現仍有一片生滿水生蘆葦，水鳥生態豐富的沼澤地帶，我們或還能透過此地環境，想像過去的原始地景樣貌。挨著這片沼澤低地旁的村落人家，就建在由菜園旱地環繞的地勢較高處，附近視野開闊，向東不遠處，能望見舊時的打馬煙社，在清代屬於「三抱竹庄」的頭城竹安里。

打馬煙社為平原最北端的噶瑪蘭聚落，漢人入蘭開墾之初，就在此處不遠的北面河岸駐留，不久之後，他們就將面對漢人開發初期的第一波衝擊。

十九世紀末（一八七二年），加拿大長老教會宣教士馬偕博士，登陸淡水，開始了他在臺灣北部的宣教活動，並於西元一八七三年十月二十一日，首度翻越了草嶺古道，來到蘭陽平原，嘗試向平埔族噶瑪蘭人宣教。打馬煙社就是他往後入蘭必訪之地及停留休息的重要據點，也是馬偕在宜蘭傳教期間，最早設立教會的地方。當時，他所帶來的上帝之愛及基督信仰，必也曾為那時飽受漢民族開發壓力及文化衝擊苦難的族人，提供了極大的精神慰藉吧！

交會

族群融合，是從彼此碰觸交會的那一刻開始，既偶然又浪漫，殘酷且難以預料。

不同族群之間，所產生的碰撞與融合，因著不同種族、宗教、文化，以及族群生存擴張等因素而發生。此現象普遍發生於世界人類的歷史發展過程中，特別是在孕育著古老文明的世界各大古老大陸。相異種族之間，數千年以來，層出不窮的恩怨糾葛，層疊交錯的歷史過程中的碰撞融合，彼此激盪交集，更是深刻的影響著人類文明發展的進程。

族群之間的交會，一直伴隨著人類的演進歷史，成為了人類歷史發展的主要傳述內容和集體記憶。族群的衝突，是人類生存發展的重要命題，它殘酷且必然的現實，至今仍還在世界範圍裡進行著，從未停止腳步。

每處江河湖海的交匯處，必生肥美水草，鹹淡清濁的交融之間，總會激發出豐富的生命創造力，使萬物欣榮。交會與衝突的現實與殘酷，有時，又帶著某種歷史演進的積極意義！

蘭陽平原，因著地形上的阻隔，在漫長的時間裡，處於相對封閉的狀態。雖晚於西部開發有百多年之久，卻是臺灣東部最早開發的地區，並成為開闢東部後山的最初入口。而位處平原北端的「頭圍」聚落，在臺灣東部後山的開發史上，更有著發展歷程上的特殊地位。但在漢人入墾開發之前，這裡原就存在著在此定居千年的噶瑪蘭原住民族，而越嶺跋涉冒險遷徙而來的漢族，將在此地與南島民族碰觸，與這些全然陌生的海洋族群，有了首次的交遇機會。

自史前時期，平原上即有人類活動的足跡，十七世紀中葉，有來自歐洲的西班牙人及荷蘭人的短暫侵入。在隨後，活動於中央及雪山兩大山脈廣大山區的泰雅族群，足跡也擴展至此。還有，十九世紀初，翻山越嶺，從西部遷徙而來的平埔族群，以及時而窺探後山，並伺機進入開發的漢人族群的陸續遷入，衝擊著平原長久以來的寧靜，因此展開了兩百多年對水、土地與生存資源的爭奪過程。整個近代，平原呈現出族群多元而複雜的發展局面，紛雜的族群交處狀態，依然是隨著交會與衝突，進行著彼此的摩擦、碰撞、融合與適應的生存競爭，蘭陽平原社會的族群發展，就如臺灣族群發展歷史的縮影。

舊稱「蛤仔難」的蘭陽平原，從那最初的異族間交會開始，便注定原住民族，處於千年與世無爭，醉舞歡歌的早期部落生活狀態，將發生巨大改變。

在那個我們不曾經歷過的古早年代，分布在低溼沼地，傍著溪流而居，依靠採集漁獵生活，自稱是「平原之人」的噶瑪蘭族，面對這千年未遇的族群接壤，必是經歷過一段艱澀恐懼的無奈過程。

曾經平原的原野上，活躍著獼猴和梅花鹿，水澤岸邊遍生著棋盤腳與赤楊，於野地茂林間，綻放著無數潔淨、散發清香的原生百合，千萬年承接著連綿雨露與風暴侵襲的俊美平原，那早先生活在這片平原低地的「人」，首先就面臨著，約莫三百年之前，從西面崇山而來，向東擴張的泰雅族人，那從陰鬱密林不時竄出的剽悍族群，時有偶發的侵擾獵殺事件，使得西面高聳重巒的巨大屏障，仰面望之，更加的令人不安。

設想，本來習於生存在高山叢林的族群，當他們從近山而出，透過森林隙縫，第一眼望見一路到海，少有遮蔽，似乎不易遁藏的開曠平原，是否還會覺得比身後的密林深谷來得安全？而習慣平原低地生活的「人」，在刺竹圍繞的沼地部落，當登臨高出林梢的聚落瞭望臺，向西展望開闊視野的平原遠端，望著連雲巍立，深不可測的高山密林，卻有著全然不同的心理狀態！從這樣的假設推測，我們能否這麼看待，依附在不同生存條件下的相異族群，演化出的不同生活型態，自會產生不同族群的生存樣貌，與他們對恐懼的不同理解。

從我看他，到他看我，彼此是如此的截然不同，人在看待他族的眼光，總習以我族的邏輯思維解釋這個世界，在不能理解對方看世界的角度之下，必然是易生偏狹與誤解。歷史就是在這一再的誤解，和以「我」為準的思考邏輯下，重複經歷著不可計數的誤會、排擠、衝突，與戕害非我族類的過程。

「平原之人」與高山泰雅族人間，或偶有碰觸，彼此也常處於一種不安的生存狀態，但劇烈改變「平原之人」處境，以致最終導致在此生存已久的族群社會，面臨幾近瓦解後果的，卻是來自於清嘉慶初年，那群大量入墾平原的漢人族群。

再次面對全新而陌生的族群入侵，生活在平原上的「人」，何止要面臨風災湮潦的無奈，以及來自高山密林的恐懼而已？

由於迥異的生活型態，噶瑪蘭人與泰雅族人，隔著高山與低地，因生存型態與生活方式的截然差異，在平原上，自然形成了一道無形的生存鴻溝，各自繁衍生息，在一段時期，彼此仍能基本相安無事。然清代中期才移入，以農耕為主要生活方式的漢民族，帶著截然不同的生存文化，就在這道原住族群無形的生存夾縫中，找到了侵入平原的絕好位置，他們帶著相對優勢的文化，及一定的貪婪企圖，在短短的十數年間，勢力快速擴展到平原上所有有利於農耕屯墾的大部分土地，以十年改變千年演化的劇變速度，侵蝕、衝擊著噶瑪蘭族群的原有生存空間。

蘭陽平原獨樹一格的自然環境，在這個族群交會的過程中，原來彼此的那道無形天然生存夾縫，似乎巧合的提供了漢人祖先，一個自然深入平原的發展空間。

從中央山脈與雪山山脈之間，藉由充沛的雨水沖刷形成的沖積平原，地勢由西向東漸次展開，從山麓、平地、低地沼澤、沿海沙丘，一路逐漸降低，從急湍沖蝕，布滿著大小礫石的上游河段，到溪流蜿蜒野行的下游沼地，常年豐沛的水流，經年沖蝕形塑著這片被高山環抱的土地。依照著沖積平原地質結構的特性，水流由上游河段潛伏滲流，在那道隔離著噶瑪蘭人與泰雅族人的天然鴻溝一線範圍，竄流而出，形成了一道天然湧泉地帶，為以農耕為主要生存方式的漢人，提供了農業發展與基本生存所需，潔淨而不虞匱竭的寶貴水源，為漢人往後的平原拓殖發展，造就了難得的天然生存條件。

從此，經兩百多年的移民發展，自然力量與人力作為的因素交疊作用，平原上，平野變農田，就此發生了滄海桑田般的地景變遷，衍發後來平原族群組成結構的重大變化。

快速移入的外來族群，急遽的改變著平原的族群結構，使原先生活在平原上的原住先民，發生了被迫遷離原居地的歷史事實。如今，現代新一波的交通闢建，更巨大的開發發展階段，也正悄然的使平原發生著另一波根本上的改變。從某個角度看來，更新一批的外來移入者，是否也正在重複進行著，過去歷史曾發生過的相同「改變」過程？這一切看似巧合，卻也是歷史必然的「不變」規律！就像是那些由海上而來的生命種子，從不同方向與來源，在不同時間，因不同遷徙的原因，闖入同一個空間的不同族群，得一再經歷碰撞摩擦、適應融合的過程，終究要成為重新適應環境的特有品種，再度發展出另樣新面貌。

歷史交會的浪漫與殘酷，也就是從最初發現彼此的那一刻開始；碰撞與交融，還在重複著過去歷史行進的腳步，不停「改變」著現狀，「不變」的繼續向前延伸。

海隅

「徧履蘭中地，番莊卅六多；依山茅蓋屋，近水竹為窩。眾怪疑魑近，心頑奈石何。往來皆佩劍，出入總操戈。酒醉欣搖舞，情歡樂笑歌。尊卑還可愛，男女實難訛。八節無時序，三冬亦暖和。未能傳五教，咸曉四維摩。」（蕭竹友，〈蘭中番俗〉）漢人眼中不識耕作、不辨四時的原住民族，自在生活在平靜的海角一隅。

《噶瑪蘭廳志》：「樹藝稻穀約供一歲口食並釀用而已，故家無贏餘……每秋成，會同社之人，賽戲飲酒……至醉則起而歌舞。無錦繡，或著短衣、或袒胸背，跳躍盤旋如兒戲狀。歌無常曲，就現在景作曼聲，一人歌，群拍手而和。」文中記述的無知無欲，自得自樂，是這海之一隅，曾經的真實生活狀態。

在雨水豐沛，四季常綠的蘭陽平原，平埔先人以身邊可見植物的開與落，辨時生息，他們取材環境間可得的資源，為自己搭造遮風蔽雨的屋舍，對自然萬物無私占之心，日常僅供口食，不多貪取，無憂貧羨富之心，無貴賤高下之別，自給自足，如生活在海角樂園一般，直至漢族先民的到來，他們的生存規律，才發生了根本上的改變。

葛天氏之民生活的遠古理想世界，採集勞作，生養休息，隨天地自然運轉，純粹的自然「生活」，能不且歌且舞，拍手而和？賽戲飲酒，浪漫自在，何須分辨四時？若能偏居此離囂之地，又何必嚮往桃源之地！

悠然時光

理想之世，葛天之民。
採集漁獵，不辨年歲。
消遙自得，醉舞歡歌。
一日初遇誰為番？

在數百年以前，人類遷徙較比今日不易。那時，人對世界的認識也相對有限，不同種族間，各自生存，互難相通。因著地理、氣候、自然條件的不同，族群間的各種差異明顯，各自發展出相對獨立的生活型態、語言文化，宗教信仰等。在世界範圍內，曾散居著多樣貌的不同民族，近代航海術的發展，使人類得以長途航行到過去極難到達的地方，原各自生存、互不相識的各種民族，也就開始展開前所未有的接觸探險。

為了分別彼此，而有了許多的互稱「族名」。不論是「平原之人」、「住在山地的人」，或是「北方的人」、「勇敢的人」等等，各個族群幾乎都是以第一人稱「人」自稱，並成為他族對我族的稱呼。其實這些，原都只是為了說明我是誰，但大小、強弱、文明與野蠻的自我認知，使產生了差別心，才有了鄙夷歧視的眼光。原來的族群陌生產生了誤解，引發了摩擦，才有了征服與壓迫、競爭與生存的行為，現實，同時也給了弱肉強食、適者生存理由，人類因而彼此傷害。最後，又試著在交會融合的過程中，重新反覆探索，再學習著，回到「人」最本質的價值認知方向前進。

2018.3

「人畏生番猛如虎，人欺熟番賤如土，強者畏之弱者欺，無乃人心太不古。」於道光年間，奉命渡海，暫署當時臺灣府噶瑪蘭廳通判的柯培元，眼見當時漢人對平埔原民的侵擾與壓迫，心生憐憫，憑其敏銳的洞見與悲憫的情懷，寫下了這首〈熟番歌〉，如今讀來，依然令人唏噓不已。

「番我」的界定，在政治上，有著統轄關係的意涵，而在文化上，必是「非我族類」的歧視心理。過去存在於漢人語言使用中，曾以「咱人」自稱，以「青番」來形容蠻橫不講理、不開化的人，足見百年以前，平埔先民所受排擠侵犯、悲涼委曲的處境。如今，經過百年的交融過程，很難說它早已融入我們的血脈基因之中，對於族類分別，我們該有更開闊的新認知！

平原的心跳

海　河　鹿　族群　平原上的風
還有夢見的心
交織和諧的在平原跳動

三百年前的蘭陽平原，到底是個什麼模樣，沒有人真正知道！

就算是開發較早的臺灣西部平原，在同時期，也是以南部開發為先，對臺灣北部的一切仍相對陌生。文獻中，除明朝萬曆三十年（一六〇三）的《東番記》，與荷蘭統治時期臺灣的踏查紀錄外，對當時的臺灣景況，也少有真實的描述記載。直至康熙三十六年（一六九七），因福州火藥庫失火，焚毀硫磺、硝石，而自請赴臺採硫的郁永河，就其遊歷所見，記述而成的《裨海紀遊》，才開始有了實質意義上，較為真實的遊記文學紀錄，更何況是位處後山，時未開發的蘭陽平原呢？

《東番記》記載「冬，鹿群出，則約百十人即之，窮追既及，合圍衷之，鏢發命中，獲若丘陵，社社無不飽鹿者」。從荷西治理時期，因為鹿皮的貿易需求擴大，臺灣有過大量鹿皮輸出的史實看來，數百年以前的臺灣，全島普遍有著數量龐大的梅花鹿群，奔馳在臺灣山野各處，除了是當時習見的景象，鹿群也是臺灣原住民重要的食物與經濟來源。由此推想，三百年前，沒有水田、農舍，沒有公路、橋梁的蘭陽平原，必是鹿群遍野，散居著茅屋部落及平和的族群，只聽得風聲水聲，呦呦鹿鳴，悠散怡然的世外桃源。

Martin
2014

初探

十五世紀末，葡萄牙人繞過好望角，尋求通往印度洋及太平洋的航路通道，開啟了人類大航海時代。接著而來的西班牙人及荷蘭人，亦藉著這條聯通歐亞的新航線，來到了亞洲，各自建立殖民地。

明天啟四年（一六二四），荷蘭人占據了臺灣南部，建立了熱蘭遮城，以作為對華的貿易基地。與之處於競爭狀態，據有呂宋的西班牙人，為保護呂宋與日本間的貿易通道，也在一六二六年春，避開臺灣西南海岸的荷人，繞道由巴士海峽進入臺灣東海岸，發現了東北角，並建立了「聖薩爾瓦多城」與「聖地牙哥城」，與荷蘭人在海上進行著貿易競爭，也掀開了西班牙統治臺灣的歷史序頁。

一六三二年，一艘西班牙船漂流至蘭陽平原，與生存在平原上的噶瑪蘭先民，有了最初的接觸，從此擾動蘭陽平原千百年來的平靜，原始樸真的平原面貌，才逐漸展現在世人眼前。

帶著經商與傳教目的而來的西班牙人，某日，巨大的戰艦，靠近他們所稱的「聖塔・卡塔利那」（Santa Catalina），即噶瑪蘭海灣，乘著登岸小船，懷抱著發現黃金、尋找交易機會的企圖，沿河深入探索這個平原。歐陸航海強權與東亞邊陲的濱海平原部族的首次接觸，定是一次充滿著驚奇的過程吧！

驚現

從海上吹來的風，帆影乍現。
是誰的起點，抑或是誰的終結。
在初逢的一瞬，也只是微微的一驚而已。

舊稱「蛤仔難」的蘭陽平原，在我們不曾經歷的那個年代，除了「平原之人」外，梅花鹿、獼猴，和野地遍生的百合，也許是很可能存在過的景象。

歷史的改變，就從彼此發現的那刻開始。

也許，兩百年前的某一天，一個適合風帆張揚的日子，陌生而怪異的龐然大物，巡航至靜默平原的不遠海上，在生存其間的「人」還未察覺時，岸上悠然吃草，生性敏感機警的鹿，會是平原上最先發現的眼睛。

初逢的一瞬，輕輕加速的心跳，觸動微微一驚的抬頸豎耳。對看，似像緩緩移動的木構海鯨，不覺立時威脅，使慢慢的平靜了下來，再繼續低頭嚼食蹄下鮮草，偶爾又不安的抬頭張望。持續吹拂上岸的海風，平撫先前剛經歷的乍見一悸，復再低頭，還於平靜。

從那一瞬開始，原來生活在平原上的「人」，瞬間就將變成了「番」。這時的相逢，將會是誰的起點，又或是誰的終結！

2014.2

尋桃源

噶瑪蘭在臺郡東北，地最荒遠，社番所居；自古不通中國，故記載均未之及。

——《噶瑪蘭志略》

山貂大山、在廳治北七十餘里，中分大溪，溪北系淡水界，溪南系噶瑪蘭界。山路崎險，溪澗縱橫，雖行旅維艱，實即入蘭孔道。

——《噶瑪蘭志略卷二．山川志》

三籍初墾，別鄉涉險。
攀高越嶺，桃源尋境。

明鄭驅逐荷人後，推行屯墾鎮營，逐漸將屯墾勢力向北推及至竹、苗一帶，北部漢人大量增加，勢力續往淡水、雞籠等地擴張，北部漢人社會逐漸建立，最後延展至臺灣東北部的邊界。

清康熙年間，由於蘭地有豐富物產，鹿脯、水藤的交易，吸引著漢人近社互市，雖邊界多「生番」，然利之所驅，亦多冒險的「番割」商業活動在持續的進行，直至康熙末年，逐漸擴展為有組織的市場商業，從此漢人對蘭地的不停試探，最終不敵後山百里沃野拓墾的誘惑。嘉慶初年，吳沙率領以漳人為主的三籍先民，翻越草嶺，至此後，古道行旅川流，展開了開發蘭陽的行動。

Martin
2014.5

翻越

嘉慶年初始，那個尋路開拓的年代，一個夏末秋初，芒花將綻的九月，三籍先民踩開了淡蘭之間的荒茫通道，期盼能在山後那片帝力不及的全新領域，找到一片屬於自己及後代的生存之地。

道光初年修築的草嶺古道，隘口東面向海，面迎強勁的東北季風，嶺上林木不生，芒草叢叢，下眺遠處龜嶼佇立，海天景致壯闊，直下山腳的「草嶺腳」，是為蘭之北境。烏竹芳〈隆嶺夕煙〉中「層層石磴繞青雲，綠樹濃陰路不分。半面斜陽還返照，晴煙一縷碧氤氳」是險路，是形勢，更是穿梭歷史的煙雲。

清代在「草嶺腳」曾設有民壯寮，置兵防「番」，古道沿海岸南行，經北關鎖鑰，即入噶瑪蘭境，是清代入蘭必經通道，昔日行旅往來頻繁。

先民渡臺，翻越重嶺，前途艱險，此地瘴雨蠻煙，亟需得信仰的精神支撐，昔有漳人帶來天公（玉皇上帝）神像，並於草嶺腳下，結草廬，立廟祀奉，庇護往來的行旅。

從吳沙、馬偕到伊能嘉矩，絡繹於途的各代人物，徒步艱難，穿梭於這山海險道間。祖上七代以前的入蘭先祖，或也曾在久遠年代的某一天，艱難的攀越崇嶺，肩挑背負，行走在這條歷史的川流中，從此，一代代人心中，就此烙下了遠方的島影作為回家的印記，永銘心底。

自幼即喜登草嶺，在密林古道間行走，仍有著與先人交通的某種關聯想像，從舊時艋舺徒行而來，越三貂、翻草嶺，至噶瑪蘭的歷程，自是艱辛不易，途中曾設有隘寮及驛站，是清代入蘭的唯一官道。過去的艱險攀越，古道如今仍是遊人川流，但心境早已不同，撫今追昔，物是人非，行走其間，亦還能體會領略那個開拓年代的艱辛攀越。

蘭城鎖鑰

「蘭城鎖鑰扼山腰，雪浪飛騰響怒潮。日夕忽疑風雨至，方知萬里水來朝。」舊時清噶瑪蘭通判烏竹芳，在所列蘭陽八景古詩〈北關海潮〉中的描繪，怒濤擊石，萬水朝宗的氣勢依然；汪洋展開，龜峰屏立的形勢依舊，只是那北通浙海南進烏石的穿梭帆影已無。昔時扼守蘭咽重地，雄鎮一方，今徒留對城垛炮座、營房馬道的遙遠想像。

《噶瑪蘭志略．關隘志》記述：「北關在廳治北四十里，高山峻嶺，至海濱不過二百步，大石鱗列，北通三貂，南通烏石，為蘭地咽喉要道。嘉慶二十四年，通判高大鏞奉文建關，凡橫直各十二丈，高四尺，厚三尺，周圍四肩橫直共四十六丈八尺，圍牆地基長一百零八丈，橫八尺，高四尺，厚三尺，城樓垛坎馬道俱備。內設兵房，派外委一員駐箚，專司盤詰奸宄。」早無以尋跡，只能藉前人記述來體味懷想！

幼時的記憶，此地過去都是石子路，路幅狹窄，公路兩側，仍有部分開路遺留下的礁石殘壁，人車稀少，現在拓寬的馬路，讓路面看來通敞，難再想像當初帝國邊隘關口態勢，與穿行山海當間的荒煙烏徑。時行旅至此，見此雄關，側聽驚濤轟鳴，必有出陽關而人不回之慨，與遠離故里的孤惶寂寞心境吧！

2017.4

北之關

淡蘭道，嶺路險，陽關既出，故人別離，驚憂前路迷霧不明。
望海石嶙峋，雪浪怒濤，驚濺天開現龜嶼，祈願神靈護佑，窮途能開。

一路艱險翻越高山峻嶺，過了北關，似再無回頭之可能，此去又將會是何前途，心情也若東海巨浪翻攪，未能平復，唯能使心平靜的原故，必是胸口懷抱著的故鄉神明。

十八世紀以來，以泉州移民勢力為主的臺北盆地，存在較強烈的族群地緣意識。在臺北盆地占少數的漳人，為尋求可發展的新天地，背囊挑擔，歷經三天兩夜步程的辛苦跋涉，冒險翻越淡蘭間的蒼茫通道，在通過北關天險後，才算是進入了噶瑪蘭地界，一路沿著山海之間的古道前行，回望一途的越嶺翻山，艱辛自是不須多言。也許，先民當時心底最大的煎熬，除對於前途不明的驚憂，更多的是，遠離渺渺千里家鄉親人的悲愁心情，一句「行過三貂嶺，著無想某子」的俗諺，道盡當時移民的真實心境。

山海靈魄

相傳建於光緒元年（一八七五），位於今北濱公路的梗枋與外澳間的頭城金斗公，為舊時入蘭官道必經路徑。在陸路交通不發達的清代，廟之所在，由山上通入海中的石脈，脈上石巖，密集兩側，中間僅一小巷，狹窄可通。存在海岸巨巖下的這座特殊陰廟，從百多年前，清同治年間以來，一直有著各種神蹟傳說流傳至今。

據傳臺灣海防欽差大臣沈葆楨，命羅大春開鑿北路（由噶瑪蘭蘇澳至花蓮奇萊），路經此地，發現石下有一金斗甕阻路，開路工兵未予理會，移置到一旁，突腹痛如絞，經拜祈後方止。

又同治年間，滿清鎮守臺澎的總兵劉明燈，入蘭巡視，下大里簡，過北關到此，見峻石環踞，度其轎可過，進退數次，前進不得，後下轎而禱，始得通過。

此後又有傳說，日治時期，日人開闢軍事道路，欲拆除金斗公廟，工人連連拉肚子，只得繞道。另有傳聞，早期開闢北濱公路時，又考慮需拆除金斗公廟，但丈量之布尺在金斗公廟處，屢屢打結，最終也在繞道後，才解決了此問題。種種傳言，無非為彰顯神威顯赫。然建廟原由，也有著屬於那個古早拓荒年代，特殊的歷史前因。

蓋此地原為附近海岸較突出的石巖，地理環境很特殊。據傳，廟後原有兩座山丘，活像獅形，北邊的像雄獅，南邊的像母獅，風水稱「落水金獅」。百多年前，石巖下，堆積許多因海難遇險之無主枯骨，年久累累，未曾歸土，後人立廟祀之，後幾經修建，而成如今樣貌。

Martin
2017.8

幼年總於農曆年前，隨父親備香燭牲禮，前來這個鎮上人也未必都會來的小廟祭拜，記憶中年年如此。父親的習慣始自何時，已無從得知，想必是自父祖輩即有的習慣，或有與更久遠，屬於那個開荒年代，某種遙遠的歷史關連吧！

初入平原

群鳥驚起，盼沐神恩；
沃壤乍開，蘭地初闢。

過三貂，越草嶺，穿行沿海岸的蠻荒鳥徑，一路艱辛跋涉，冒險私墾，這個當時尚未入籍設治的蘭地，初墾先民，穿出平原最北端的低地密林，乍見平原開闊的一瞬，驚起了林中群鳥，必心生警惕。在這個山海漸開的平原起點，眼見未闢的沃野，惶惶不安，只能依靠隨行信仰的支撐，期盼神靈護佑，以平撫初到涉險，忐忑難安的心。

因乾隆年間，臺灣北部漢人的開墾及族群競爭壓力，還有臺灣西部林爽文事件後的民變遠因，部分流民竄居三貂一帶，避官追捕，以漳人為主幹的漢人移民，圖入墾「蛤仔難」。又時，淡水同知徐夢麟「為臺灣府楊廷理言吳沙可信用」的建議，此一侵墾集團，才有了官方默許拓墾的轉機。開蘭後，嘉慶年間，相繼侵擾覬覦平原的海盜蔡牽、朱濆的進犯事件，也使官府決意將「蛤仔難」收入版圖，設治開發，至此展開。

Martin
2014

啟業

不畏面對，迎向開闢前路之險，是對生存意志的堅決信仰，是對生命延續的渴望追求。

山後百里壯美平原，鼓舞誘引著尋找新機的開拓先民，闖過三貂之險，攀越草嶺之要，在翻過蠻煙山道之巔，初次望見浩瀚大洋，遠望孤嶼峙立之時，應已然有了一往無前，不懼艱險，面對殘酷適應的心理準備了吧！

「噶瑪蘭在臺郡東北，地最荒遠，社番所居；自古不通中國，故記載均未之及。」「相傳三貂、噶瑪蘭，人蹤之所不經，往往以化外置之。」（《噶瑪蘭志略》）從清代柯培元所撰《噶瑪蘭志略》中的描述來看，在當時的大清朝廷眼中，蘭陽平原只不過是帝國邊陲之外，一個蠻荒未開的化外之地而已。

另外記述「自草嶺至蘇澳，幅員袤長一百二、三十里……，其中有鳥道溪逕，一似天生門戶，容生番出沒者生。番尚武勇，性嗜殺」（《噶瑪蘭志略》）。從尋求「改變」發生的開始，攀越層巒疊嶂，山路荊棘遍布，深入平原的沿途，還得要面對「生番」不時出沒的凶險景況，先民入蘭的艱險前途，可想一般。

《東槎紀略》又記：「其始番居，不知開闢，雜處深林水窟之中，捕魚打鹿而已。」「其耕種田園，尚不知蓋藏，人每一田，僅資口食，刈穫連穗，懸之室中，以俟乾舂旋煮，仍以鏢魚打鹿為生。」（《噶瑪蘭志略》）這些描述文字，讓我們能粗略了解，彼時，在漢族先民眼中，噶瑪蘭人當時以漁獵為生、自在無爭的生活樣貌。

從這些文獻記載的描繪裡，一幅初闢乍現的早期平原景象已然浮現。

橫阻在前的高山重巒，從未能阻遏漢人先民一探蘭地真容的決心。拓墾前路的艱險，化外未闢之地的不可預知，迎對難測前途的惶惑與恐懼，仍難阻抵一心尋求新天地的渴望，一場東部開發的歷史帷幕，就此拉開。

在吳沙仍未大舉攜眾入蘭之前，早先在三貂社一帶，從事「通番市」工作經營多年。因任俠有信，廣結善緣，累積了一定的原漢關係基礎，為後來的開蘭作為，預留了準備。此後，就只等待著適當時機入墾蘭陽。

清乾隆年間，吳沙曾計畫與同是漳籍的林漢生召眾入墾「蛤仔難」，公元一七六八年林漢生首探噶瑪蘭被殺害，為漢人嘗試入墾蘭陽的最早者。直至嘉慶元年（公元一七九六），吳沙率領漳、泉、粵三籍墾民，憑藉武力，進據烏石港南，才展開宜蘭兩百多年的開發歷史。其間，必有取前者失敗經驗為警惕，往後經過長達二十幾年的觀察及籌劃，吳沙終成為成功開蘭的第一人。

在這片原本被清帝國視為化外之地的平原，建立開蘭的橋頭堡「頭城」成功拓殖之後，「吳沙開蘭」的消息逕自傳開，接續招引來更多的漢人移民進入平原。為先立穩腳跟，起初入蘭的先民，於烏石港南一側，築起土圍建聚落，「開蘭第一城」於是建立，往後遂成為漢民入蘭開發平原的初期起點，與清政府設廳建治前後的平原重鎮。到了清道光年間，有了烏石港的開埠，「頭城」更是舟楫繁忙，商賈匯聚盛極一時，成為平原吞吐集散的唯一「正口」，為往後蘭地發展，及頭城文風傳統的開啟，奠立了經濟基礎。

就當時，在官未闢而民先墾的現狀下，吳沙為能謀求合法的屯墾身分，使不違反清廷「不得越界開墾」的禁令，帶領漢民拓墾開發，遂向官方申請墾照。隨著入墾步伐的開展，吳沙拓殖集團展開招佃、立約、徵穀、闢路的作為，擴大了拓墾腳步，開發續次進行。於是，在平原西面沿山一線，逐步設置隘寮，定時招募鄉勇巡護，以防「番害」，拓墾前路漸開，聞風入蘭開墾的人越來越多。

拓墾初期，因早期臺灣社會民變的遠因，帶著武力入蘭的移民集團草莽性格強烈，平原上，入侵者與原居者，不同族群之間衝突頻生，又因部分漢民的狡獪傲慢，少數「番割」為營私利的居中撥弄，更加深了彼此間的矛盾與不信任，平原社會因而躁動不安。

為保開拓利益與平原社會的穩定計，彼時曾數次有派官設治之議，然初時，並未即獲得大清朝廷的積極回應。由於這期間，分類械鬥民變生起，亂民橫竄，又時有來自中國沿海，蔡牽、朱濆等流竄海盜的侵擾，其並有意將當時仍不隸屬於清國轄界的這片化外之地，占謀為巢，竄泊盤據。因此，為防海賊窺伺，免徒增帝國邊陲遺患，能更便於有效統治，並管理這片新拓墾之地的考慮，而有了「自應收入版圖，豈可置之化外」的上諭裁定。設廳置屯之請，終於在嘉慶十五年獲得奏准，將「噶瑪蘭」正式納入了大清版圖，嘉慶十七年，於臺灣府下增設噶瑪蘭廳，開啟了宜蘭清治歷史的新頁。

清廷設治之後，平原的拓墾形勢大致底定，在漢族入蘭的數年之間，由頭圍而至五圍，一路深入到平原的中心腹地。初期發展，在平原墾地就達兩千餘甲，聚眾數萬，人員快速倍增於原居的噶瑪蘭人，極大的衝擊著原居平原民族的生存空間。漢人進墾數十年間，逐漸將平原可見的原野、森林，盡數闢為可耕農地，噶瑪蘭人賴以生存的獵場逐次消失，漁獵傳統生活方式逐漸式微，部落生存空間不在，在漢人的開發壓力下，從此開始被迫遷徙的無奈歷史。

面對此一拓墾形勢，清廷曾為保噶瑪蘭人的生存空間，並為有效管理、控制漢人開發用意而設的「加留餘埔制」，卻在無形中再次切割、包圍了平原上的各個散居部落，限縮並改變了噶瑪蘭人原有的生存方式。在漢人開發的數十年間，他們不斷的受到排擠、壓迫，終使其逐漸離開了原有居地，徹底改變了平原的族群與地景樣貌。

而我們的漢族先民，在開發之初，面對前途未明，凶險四伏的拓墾處境，築圍防禦想必是第一要務。他們最初依靠著隨身帶來的原鄉信仰，以獲得心靈上的平靜與慰藉，環顧平原形勢，因地制宜，就地取材，築起了土圍，插竹挖渠，建工事以防衛，應是可以想像的。他們審度地勢，沿著烏石河道岸邊，一面向河，三面圍起近半圓土圍，戒慎經營這個平原上最初倚靠的生存堡壘，從此立足平原北部，披荊斬棘，逐漸向南發展，最終成了阡陌交連，良田綿延，美池桑竹之地，開蘭啟業。

在漢人入蘭到清廷設治前後，初期發展的十餘年間，常年陰翳、密雨如絲的蘭陽平原，其間平埔、泰雅、漢人、流匪海盜混雜，草莽瀰野，族群關係錯綜，分類爭鬥不休，人心浮躁難安。平原社會有段時期裡，曾處於一個沒有有效統治力量約束，族群關係開放發展的無政府狀態之中。

在一個近似桃源祕境的僻壤新地，同時間聚合著不辨四時、自在天成的噶瑪蘭人，和堅韌剽悍、自來如風的泰雅族人；還有勇渡凶險黑水溝，勉力求生的漢人先民；時又夾雜著不時闖入侵擾、來自於海上的流竄海盜，經常處於一種未有有效權力約束，混沌不安的境況。開拓初期的原始生存樣貌，充斥著躁動不安的拓荒社會狀態，就在這個受盡強勁海流、風災侵擾，和雨水頻潦的向陽平原上進行著。多元而複雜的發展局面、紛擾的族群交會現狀，儼然展現著族群生存競爭初期的社會發展雛型。

這是一幅充滿著蠻荒初闢景象，族群交相崢嶸的生存畫面。

兩百多年的平原開發史，其演示的時間雖不長，卻可以看見一場由不同來源、不同種族，在不同時期闖入這個共同歷史場域，彼此互相衝突、融合、適應與交會的起始樣貌。看見不同族群如何產生對環境的全新認同，和演化出共同生存記憶的最初過程；也可以看見最初發生相異族群交錯衝突，而最終達到融合共生的不易歷程。對於存在人類歷史裡，於不同地域、不同族群生存發展過程中，總會一再重複發生的，似乎永遠梳理不清，關於那些相異民族間生存利益與宗教信仰差異的歷史糾葛，曾經也一樣發生在這個平原之上。

兩百多年，相較短暫的時間跨距，是否可以讓我們較易看清，關於族群交錯、生存競爭歷程的初始樣貌？是否可以讓我們能較易探究，最初碰撞衝突發生的真實情境？在相對易辨的演進歷程中，看得透歷史曾發生的真實原委，對於還存在於如今社會的族群矛盾關係，我們能從中獲得更多關注和省思的機會，並且以史為鑑嗎？

在比起所知那些有著數千年漫長發展過程，世界各古老民族文明間的各種錯綜複雜，那似乎永難能有答案，又難以釐清的歷史紛爭，孰是孰非的難解糾結！也許，我們能從平原最初發展的歷程中，有更加清晰且單純的思辨空間，以更大的寬容態度，面對現今世界族群間融合的課題，投以可相對應的思考方向！

在我們讚頌開闢之功的同時，更要以「人」的存在價值為出發點，同理看待平原過去所發生的交會過程中，曾給彼此帶來的不平與刻痕；同樣看待正發生在世界範圍內，那些關於族群衝突、生存競爭的歷史沉痾，對其抱以更大的寬容、理解與悲憫，和更深刻的同理心。

平原堡壘

久遠年代，拓壤的意志，讓心築起了平原恐懼的圍！
雲鎖高峰，歷史滄桑轉換，如今的憂慮，堡壘何在？

這是一個海盜、冒險家、私墾者競逐進入的新天地。

在一八一二年（嘉慶十七年）清帝國將其收入版圖設治統治，漢民拓墾行動獲得官方認許之前，吳沙帶領的第一批開拓先民，就平原原住民未有建立部落的平原北端一角立足建寨。面對原住民的疑懼，在荒原之上，河灘之畔，築土插竹以為防禦，建起了入墾漢民的第一座生存堡壘。

在開闢趨勢成局、立穩腳跟之後，開墾集團移民之間，除了面臨原住民族的威脅之外，也時有族姓與分類的爭鬥。從族姓小圈圈，到族群間的競爭藩籬，歷史總是一再衝破原有認知的界限，也一再重新築起隔絕的圍籬；人為心中的未知和無形的恐懼，築起了有形的壁壘，並一再重複著衝破與重建的過程。如今，面對新的歷史發展階段，久遠的堡壘早已消失，新的障礙，又會再立起嗎？

Martin
2014-6

Martin
2014.6

防禦

堡壘既已立起，疑懼與不安，仍時時縈繞，南臨的福德坑溪與石燭坑溪二流阻隔，猶不足以使初期闖入的私墾者覺得安心。舂木基，濬壕河，栽插竹木，築土壘石，使這個入墾的首建之城，看來猶如一座孤立平原的武裝堡壘。移墾者白日就其近地樵採墾作，夜幕將臨時，回到自覺安全的堡壘之中，趁著紅霞暮色，升起堡中炊煙，在夜色罩臨前，熱食一餐，或可稍緩一日辛勞與疑懼壓力。

略顯不安的防備之心，轉變成張揚森嚴的防禦插竹，外弛內張，舒緩流經堡壘下的靜默河水，密林叢中悠行的鹿群，伴隨著微醺暮色，安撫潛伏的恐懼心理。遠處海面的亙古島影，從這時開始，就成了這批最早闖入者及其後代，穩定不變的視覺印記，和日日瞭望辨識方向的心靈座標，不再背離。

嘉慶元年，歲次「丙辰」，年逾耳順的吳沙，率眾入蘭墾殖，引起原民疑慮與恐慌，噶瑪蘭族人起而抵死反抗，趁其不備，突擊頭圍，雙方死傷者眾，吳沙之弟吳立，亦死於此一連串族群爭鬥的事件中，史稱「丙辰番害」。爾後，漢人堆土成堡，建立「圍」和「城」的武裝進墾的集村聚落。墾民白日外出工作，晚上回到堡內，圍堡作為開發初期點狀發展型態的防衛據點，逐步形成了自北而南延伸的平原開墾路線。

庇・蔭

春露秋霜，前人涉險，蒼茫新闢，今已然成故地。撫今詠昔，後世感戴，迢遙舊事，緬恩澤竟猶新。

「木有枝葉，猶庇蔭人。」（《國語・晉語九》）

先民開蘭拓墾之初，「見蘭中一片荒埔，生番皆不諳耕作，亦不甚顧惜」，以農耕漢民族的眼光，豐腴平原的誘惑，使其願攀崖越嶺，迂迴壑澗叢雜之間，冒著山獸隱沒，瘴癘襲身，「生番」襲擊傷害之險，決意深入一探，撫今追昔，亦能揣想其時的艱難情境，不論是從海路或山路而來，最初建立烏石港南的橋頭堡時，必有一段開拓艱辛。

自清代以降，從沿山一線設隘防禦，到日治時期「理蕃」不得深入的情況，夾於山與海之間，南面又因面對漢人入蘭，仍充滿疑懼敵意的平埔原住民的處境來看，初墾先民處境為難，首先必得解決遮蔽風雨、安身保命的實際需要，所以利用現有環境可得的土石竹木，就地取材，築圍造屋，必是第一事。

曾從一位已故的鄉里前輩的口述紀錄裡，看到一種說法，提及「頭城原先是一片茄苳林，吳沙公一批人來到之後，就地取材，不但屋頂的棟梁取用茄苳木，連四周牆壁的柱子也是用茄苳樹幹支架起來的」。雖從個人目前所閱得的資料裡，還沒看過相關記述與證明，但一般可見關於早期建立頭城的描述，常是寥寥數語，生硬單調的文獻記載，總沒有像這樣關於細節，或更貼近生活般的真實描繪來得有生命。

2017.6

樹木因為有了樹葉，才能為人遮蔭，當初的茄苳樹，給冒險拓墾的先民，提供了最初的遮蔽；前人的戮力開拓，為後人奠下了基礎；當初的新地，如今成了故里。遙想過去，緬懷祖恩！

虔敬

吳沙招募三籍合墾，開拓之路，前景未明，除必要的武力及拓墾物資，我想隨行而來的原鄉神靈的信仰，是最初庇護撫慰人心，心靈上唯一的依靠。

兩百多年前的「蛤仔難」，密林蓋野，荊棘叢生，疫病瘴癘，原漢交處，在沒有官府提供的保護下，拓墾者的生命與生存，受著嚴重的威脅，因此宗教信仰，乃成了唯一的精神依靠。明清兩代，陸續冒險橫渡黑水溝的先民，能僥倖逃離死亡，抵達目的地，並尋得安身之處後，必將堅信隨身而行的神像與香火的庇護，在立足之後，也必先築起茅廬，虔敬供奉原鄉神祇，圍繞著信仰，拓墾發展形成聚落。

屯墾先民的組成成分，漳、泉、閩、粵各籍，各自有著不同鄉土地緣的信仰守護神，漳人信仰開漳聖王，泉州人信仰保生大帝、清水祖師，閩、粵客家族群信奉三山國王。漳人吳沙，為消除地域壁壘，協同三籍之力，遂以中國東南沿海一帶，普遍尊奉的聖母神祇，為共同精神撫慰，以得三籍合睦。據聞，嘉慶年入蘭，吳沙指示「慶元宮」主祀媽祖為守護神。

曾經前臨烏石河港，帆檣雲集的開蘭第一古廟「慶元宮」，主奉媽祖，古剎背山為靠，廊殿屋脊錯落分明，螭虎透窗，古意古風，歷經歷代重建，而有如今規模。先人就在這樣的信仰庇佑下，消弭最初的狹隘地域觀念，建立新認同的生存環境，協力合作，奠定開發初步的基礎。

夢樣年代

這個河海聚落，平原開發的起點，以烏石為名，是早期蘭陽平原的咽喉，當時與臺灣西部及大陸沿岸港口互通往來，主要路線有三：一為往來江浙、福州者稱為「北船」；二為往來漳、泉、惠、廈者為「唐山船」；三為往來廣東、澳門者為「南船」。與閩粵諸口通商往來船隻，可沿河道駛至頭圍媽祖宮前進行交易，頭圍聚落因而興起。後來，因平原下游河道曲折，夾帶而下的泥沙，使溪水流量、流速不穩定，加上宜蘭多雨的氣候，早就預示著港口顛沛的不定前途。

兩百年前的烏石港，如今只剩烏色礁石及一灘沼澤溼地，古鎮岸邊的穿梭帆檣，也早是過往雲煙；平原北端的西勢大溪出海口，對應著海上龜嶼的地理形貌，是既熟悉又遙遠的心靈記憶；濱臨烏石河道岸邊的打馬煙、哆囉美遠平埔族人，早已蹤跡難尋；來源於西面大山的曲行河道，也不復原來的流徑，隔著時空的薄霧，那是一個無法觸碰的遠方，卻是近在咫尺，如同一場條碎交疊的夢境，在一個不遠不近的年代存在過。

2018.7

開蘭啟業

在未攜眾入蘭之前，吳沙早先於三貂社一帶，從事「通番市」工作經營多年。因任俠有信，廣結善緣，累積了一定的原漢關係基礎，為後來的開蘭作為，預留了準備，就只等待著適當時機入墾蘭陽。

一七九六年九月十六日，吳沙協合三籍之力，進至烏石港南，築土圍，展開大規模的開發。其時，概略當以今十三行與慶元宮為中心，東、南有烏石港航道及得子口溪為屏障，向外作環狀築圍，可攻可守，「開蘭第一城」於是建立，往後遂成為漢民入蘭開發的起點，與清政府設廳建治前後的平原重鎮。爾後，到了道光年間，烏石港開埠，「頭城」更是舟楫繁忙，盛極一時，並為往後蘭地文風的開啟，奠立了一定的經濟基礎。

「噶瑪蘭在臺郡東北，地最荒遠，社番所居；自古不通中國，故記載均未之及。」「惟噶瑪蘭為臺北界，向未隸中原，我朝平定鄭逆，始有臺灣。說者謂臺灣海島之地，不在九州之限。」（《噶瑪蘭志略》）這個九州之外，自古不通中國，未隸中原，地最荒遠的化外之地，對兩百多年前，有著「安土重遷」傳統觀念的漢民族先民來說，遷徙至此開荒墾地，定是一個巨大的艱難挑戰！最後，能披荊斬棘，使成阡陌之勢，而落地生根，後人必當對開拓建業之艱辛心懷感恩！

石港春帆

石港深深口乍開，漁歌鼓棹任徘徊。
那知一夕南風急，無數春帆帶雨來。

——烏竹芳，〈蘭陽八景詩〉

藉著烏竹芳的〈蘭陽八景詩〉詩境，以媽祖宮為中心，左右兩端，建於清同治二年（一八六三）的南北福德祠，立於南北街心，背對街口，標示著當時頭圍街肆的範圍與規模。想像著頭城老街過去的街廓景象，前臨烏石河港，那個舊河道仍存在的年代，一股山雨欲來，帆檣雲集，東面大洋的開闊態勢。

姚瑩《東槎紀略卷三．臺北道里記》記述：「港門春開秋塞，蓋乘南北風為通塞。內地及雞籠、艋舺一帶小船，每乘南風進港。蘭地惟產米穀，百貨皆仰給於外，隔山難通，故賴小船出入，以濟百物。有炮臺守港，以防海寇。更二里，乃至頭圍；二十五里，則五圍蘭城矣。」

那個倚賴著季風，春開秋塞的港口，南風催急，造就了平原發展的進程，平原特有的水文地理環境及氣候條件，也終將無法避免預示著，百年石港繁華落盡的最終命運！

2015.2

眷懷港岸

太久沒見到海了，忘了曾經是一個港。
太久沒牽著海的手，拉著一寬絹帶，輕輕搖晃著岸的肩，忘了曾經有座碼頭。
海神，也好久沒見到眼前曾經的一片平湖。
那秋夜泛映的銀光，是個遠遠的夢，早鎖進好久不見的港邊岸頭。

由烏石港聯內河道而形成的頭圍聚落，大致以南、北福德祠間為範圍。北以盧家經營的十三行倉庫為主的行郊貿易批發，商販聚集，板橋林家在此設有租館。沿著舊稱頭圍川的內陸河道，以駁船運輸，深入平原，集散輸出、進口貨物，古鎮街道以慶元宮為中心。往南多有米糧中盤批發、雜貨文市小賣，碼頭貨物托運繁忙，在移民開發的年代，地位顯著。

隨著屯墾開發腳步，藉由水運之便，逐漸深入平原中心，在嘉慶十五年（一八一〇），楊廷理選定五圍建城，環種九芎樹，建立了噶瑪蘭城（現今的宜蘭市），平原政經重心開始內移，曾經港邊岸頭的繁華，漸成一個遙遠的夢。

清末臺灣，《馬關條約》割讓，政權改隸之際，平原仍有三結庄西皮派首領林大北、三貂堡林李成等人，包括頭城秀才林維新的游擊反抗。據聞，百多年前，日本兵初到頭城，進駐位於街北的板橋林家租館「大成館」，未隔數日，夜有來襲，於是倉皇奔逃，由烏石港搭漁船返回澳底日軍總部，隨後，日人大隊徑赴

Martin
2017

頭城圍剿搜捕，時疑街南一帶為藏匿處，悍然將街南段房舍全部焚毀，如今南段房舍，多屬日治後建物，已非清代舊觀。

繁華若夢

道光六年（一八二六）開埠的烏石港，為吳沙登陸開發宜蘭的起點，在光緒年間，突發洪水帶來的淤積使水運功能沒落之前，一直是蘭陽平原的集散港口，清代宜蘭進出之咽喉，以商港著稱。出口平原米糧、麻薴，進口綢疋、雜貨、豆麥、瓷器等。春夏之交，南風盛發，大小船隻絡繹，穿梭其間，商務鼎盛。

一八八〇年代，烏石港晚期，臺灣天然藍靛染料盛極一時，曾高居第三位外銷品，而頭城和平街，也曾有過多家染坊。頭城福德坑溪上游山區，盛產採藍植物山藍（大菁）及木藍（小菁），老街上的源合成米店、振成布行、呂石記，以前都曾是染坊，藍染產業曾經興盛一時。

清朝咸豐八年（一八五八），頭圍縣丞王兆鴻，為表彰吳沙開蘭的功績，特別在烏石港前，媽祖廟的「接官亭」旁設立「昭績碑」，推崇吳沙開蘭的事蹟，後曾移至頭城鄉紳盧纘祥先生家中庭院，但原碑早已散佚難尋。

日治時期（一九三一），受盧纘祥的邀請，從新竹至頭城講學的儒學大師葉文樞，曾寄住盧家，詩〈吳沙〉一首：

三貂託足暫須時，開闢蘭陽兆始基。
祕計每同天送定，高才早受夢麟知。
斧刊山木供門客，藥療天花感裔夷。
我向頭圍尋舊跡，盧家牆畔剔殘碑。

詩中描述了先生「盧家牆畔」的舊碑見聞。

行郊碼頭

清代治理時期，臺灣各地正口碼頭，聚集著各類商業交易商號，為方便彼此間的交易與訊息交換，形成了或有共同貿易地區與來源，或是交易內容分類的各式行業郊商，在所在的碼頭街市，設置商鋪，雇傭船隻，甚或自組船隊，「交關」買賣，「交陪」四方商客，以避免寡占及惡性競爭，維持貿易秩序和交易需求。

2018.1

頭圍街，最初形成早期街區的範圍，以敬奉媽祖的慶元宮為核心，向北延伸的「十三行」區域，即為清領時期，烏石港主要貿易倉儲及碼頭的位置，東面河海，是貨物起卸、裝載運輸之處。

此地，原有的街屋建材，係多以大陸唐山回航船隻壓艙石，作為屋基的傳統閩式木構紅瓦屋，從嘉慶年至今，約歷兩百年左右。這段宜蘭最早建立的「開蘭第一街」，仍座落有清代「十三行」的主要郊商，本地首富盧家大宅，及舊時碼頭遺跡的史雲湖，和備受尊崇的詩書世家康家古宅與街北古祠。據說，清代頭圍縣丞、關稅衙門，也位於此區域內，再加上設於城北外的清代汛防兵營，聚落形制完備，成為清代蘭陽平原的進出大門及商業重鎮。

幼時，曾居住於現今頭城和平街北段，十三行康家古宅的後院巷內，故居比鄰「蘭陽第一筆」稱號的康灩泉阿公的書齋。那一整排連棟的紅瓦街屋，較當時一般的民房來得高，原為碼頭倉儲使用。說是康宅後院，其實，在清領烏石港時代，可是面對河港碼頭岸邊，望向龜嶼方向的正面。今二號省道的青雲路，正是曾經舟楫川流的舊河道一岸，這是一片時空交迭的歷史空間，其中，有著自己的童年生活片段，及懷藏著小鎮文化內涵和昔日石港風華的記憶寶地。

依岸

細草微風　岸
擺荻扁舟　泊
倚靠著土地安然的背
投寄於芊芊淺灣柔腴的碼頭

曾聽聞頭城老街北福德祠後方，舊時應曾是街外一處可泊靠的碼頭，可能的古祠老樹，舟船臨岸的美麗景致，有別於頭圍港岸的高桅繁忙，此處窪入的淺灣，應較適合泊靠舢舨小舟吧？

從現在的地勢看來，仍明顯較南邊街面低下，此處，極有可能有過從河岸淺灣歷經沼澤溼地，到稻漫於野的過程。而旁邊本就有的頭城溪注入舊河港，與另一條隱身在街南福德祠後方的溪底溝，南北護衛著這座歷史城鎮，其舊有街廓形勢，隱然可見。

而從十三行後巷穿出，延著舊時蓮光寺圍牆，經北門福德祠北行，是馬丁幼年的上學路，至今仍對當時低窪，生機盎然的茭白筍田美麗景象，記憶深刻。

此地北面有一「武營」的地方，從清代古圖上標示的烏石正口方位，在城鎮北面曾有駐兵汛防，一派舊有城鎮空間的形制，看來大致合理。但對於那座淺灣碼頭，是否如此，其實都是自己聽聞與浪漫的想像，純粹一種對那不曾經歷的遠久家鄉，情感依戀的表達而已！

2017

2014.3

春帆暮色

斜陽山外，錦霞布天。
風帆海上來，入港倚岸。
不曾經歷，卻覺熟悉，唯有烏石堅實可證。

《噶瑪蘭志略卷四．海防志》：「烏石港，在頭圍汛，離城北三十里。其水從廳治東北淺澳接大溪流，北行十里至大塭口，匯小港眾流，逕頭圍而入海。口窄礁多，隨風轉徙。」

烏石港，因港灣入口有黑色礁石而得名。此處迫近頭圍街市，在漢人開蘭初期，扮演著平原海路運輸的重要角色。清道光年設為正口，設炮臺，建兵營，帆檣往來，有「石港春帆」之美稱。如今，也只留烏石任人憑弔。

十九世紀末的一場洪水，造成港口嚴重淤塞，使其失去了原有功能，因而沉寂了百年之久，成了掩沒於海岸林與果園間的一片溼地。又因泥淖窪地不利農業耕作，避過了開墾使用，而得以倖存下來。在經歷一九九一年新烏石漁港的興建，與後來的蘭陽博物館的成立，再次使這代表著歷史證據的黑色礁石，得以以歷史人文地景與生態溼地的姿態重現。

自有記憶以來，港口附近，便是一片圍繞著果樹與沙丘海岸林的荒蕪沼地。在烏石漁港興建前，有一段時期，海岸林一側，也曾作為公墓用地使用，後因遠洋漁業的經濟理由，開發建港而遷葬，接著後來蘭陽博物館的設立，這片溼地，得以以河港遺跡獲得保留。

假設，早先不是因為不利開墾，或早成了一片農田，是否早圍繞在稻田與村舍之間！經歷百年的時空變遷，烏石還會是原來的模樣嗎？還會安在嗎？時代在轉變，人的價值認定觀念，也在改變，從開墾拓荒到經濟考量，從地方建設到文化歷史觀點，隱沒百年的烏石，最終幸運的為這片土地留下可貴的歷史見證！

海寇

按蘭地陸扼生番，水趨海溜，以雞籠泖鼻為衛戶，以烏石港為衛喉。

——《噶瑪蘭志略．卷九》

嘉慶十二年秋九月，海寇朱濆竄泊蘇澳，陞南澳總兵王得祿會前知府楊廷理攻克之，賊東遁而去。朱濆者，蔡牽之餘醜也。先是蔡逆寇於海，收泊蘇澳，縱夥搶掠馬煙社番糧食。見漳氏吳沙占墾頭圍，築有土城，思奪為狡窟。……至是秋，朱濆以未入化之蘭民多有與之通者，因滿載農具，靠泊蘇澳，占五圍為巢穴，沿海遊奕五十餘日。南澳總兵王得祿寄椗雞籠亦四十餘日，以扼其吭。

——《噶瑪蘭志略．卷十》

開蘭之初，除去來自西方的海權勢力之外，東方海面帶著私有武力的海商集團，也就是活躍於閩粵沿海一帶的海盜，亦曾覬覦平原的地平廣而腴及水路地位之便，欲寇犯烏石港。在噶瑪蘭設廳建治之前，平原形勢混沌，海盜窺伺，民變餘黨流竄，原漢對峙，開拓先民的處境，可謂是危機四伏。後「將軍賽沖阿讞獄渡臺，獨以山內膏腴，不宜輕棄，先之有為賊窺伺之奏，繼之有設官置屯之請」（《噶瑪蘭志略》），才改變清廷任其自生自滅的態度，更加積極的經營噶瑪蘭，於嘉慶十五年正式收入版圖。

寇犯石港

石港，在頭圍汛，離城北三十里。其水從廳治東北淺澳接大溪流，北行十里至大塭口，匯小港眾流，逕頭圍而入海。口窄礁多，隨風轉徙。……烏石港中炮臺一座，直二丈六尺，橫四丈八尺，高四尺，厚三尺，兩旁圍牆二排，長一百三十六丈八尺。嘉慶二十年四月，通判翟淦奉文建炮臺一尊；塘兵十五名、兵房三間附焉。

——《噶瑪蘭志略．卷四》

頭城北門外，現今的武營，在清代就是駐衛烏石港的兵營要地，設有炮臺，日治時期，也曾設為日人

2018. 2

的練兵場及刑場，早年更是步行通往大里簡草嶺古道的重要通道。多年前，因遷建派出所，開挖地基，發現兩尊近兩百年的古炮，現存放在北關海潮公園內。

……十一年（嘉慶），海寇蔡牽至烏石港，欲取其地，使人通謀共墾，眾患之。賊舟有幼童被擄者，乘間登岸，遇其父，匿之，賊索不得，揚言且滅頭圍，眾益懼。頭人陳奠邦、吳化輩相與謀，今通賊，官兵必討，不如拒之，且以為功。乃夜定計集鄉勇並各社番伏岸上為備，賊猶未覺，晨入市貨物，眾乃縛之，得十三人並賊目。賊聞之，怒，連帆進攻。眾斷大樹塞港，賊不得進，拒敵久之，賊敗去。

——姚瑩，《東槎紀略》

這是一段描述嘉慶年間，海寇侵擾頭圍的歷史記載，一個世局混沌不明，海寇、墾民混雜的拓荒年代，就在我們熟悉的土地上存在過。

海上流寇與陸地私墾者，各自找尋生存的機會，有著屬於大時代、大環境的諸多形成因素，百姓黎民與帝國統治者，又有著彼此不同立場的依存關係，就此暫且不予評斷。就陸權思維到海島移民性格，從拓殖者到南島文化，由海上而來的冒險與陸上衝突的鬥爭，重塑了屬於臺灣獨特的歷史人文面貌，讓我們看見這片土地的豐富多彩與獨特性！

甜美山泉灌溉的土地

嘉慶元年，吳沙率眾入蘭，在烏石港口與福德坑溪之間，建立了開蘭的橋頭堡「頭城」，跨過福德坑溪後，在城鎮南邊地勢較高的埔地，準備著展開開墾平原成為適宜農耕的第一步。

「埔」指未開發的荒埔，頭圍南邊的「頂埔」，乃是所在地勢較高處，此處在清代屬於頭圍頂埔庄。嘉慶元年，往平原拓殖的過程中，開墾形成適宜農耕土地的第一片水稻田，必是最先出現在此地！

從西面雪山山澗流下，順著福德坑溪沖刷下來的土石，形成了平原最北的第一座沖積扇，面對在平原最北沿的平埔族聚落「打馬煙社」，以及與打馬煙部落同屬於一系統，位在西面較近山的白石腳附近的「抵美簡社」，開拓先民們，由此走下了這一片水澤野林交雜的高地荒埔，一步步的引水開荒，展開往後平原的開墾步伐。

東面臨近著舊時西勢大溪與平原地形最低緩的沼澤溼地，頭城下埔一帶，如今，仍有一片長滿蘆葦的美麗沼地。夾在東面沼地和西面雪山山系間的這片土地，有著最甜美清澈的山泉灌溉，沿著壘石築堤的層層梯田而下，緩緩浸潤著一片肥美土地。從今日位於頭城福成地區，蜿蜒曲折的鄉間路，散布其間的旱地田園看來，眼前這片夾雜著黑色硬頁岩的土地，在先民開拓之初，不知得付出多少的辛勞與血汗，才能將這片雜林山野開闢成如今的良田，而直到今日，仍在年年收穫著良米。

西面不遠的福德坑山林，百多年前，曾以產染料植物「大菁」聞名，在烏石港商業興盛的年代，提供了早期頭城城內染坊染布之用，而成就當時的重要藍染產業，盛極一時。

Martin
2018.5

清道光年間，北臺灣板橋林本源家族，捐資鋪設淡蘭通路，於蘭地購置田產、投資水利，在頭圍街設有租館，以便收租與管理事務，頂埔本地殷戶林朝宗家族，即為當年林本源租館的重要成員，參與租館的經營管理及地方事務。現今此地，仍有一始建於一九二六年（昭和元年），面朝龜山島，形制完整的林朝宗古厝。

安土

居處得以容身，精神方能獲得安頓，夢尋一片安身樂土，心能有所依歸。

「想像三峰天外嶢，現從島國指三貂。猿梯直上雲千仞，鳥道惟通路一條」（董正官，〈三貂．入蘭嶺路〉），山後的那片平原，探求的路途既艱且險，卻也引人無限想望。

嘉慶年初始（一七九六），那個尋路開拓的年代，一個夏末秋初的九月草嶺，山芒初綻，三籍先民踩開了淡蘭之間的荒茫通道，以期盼在山後那片帝力不及的全新領域，探找一片屬於自己的生存之地。蒼茫嶺路，深林茂草，當時入探蘭地的先民，是否也曾有種避秦遺世的同慨，和趨近桃花源境的浪漫想像呢？《東槎紀略》中記述：「噶瑪蘭，本名蛤仔難，在淡水東北三貂、雞籠大山之後社番地也。三面負山，東臨大海，三貂、金面掖其左，擺芝、蘇澳、草嶺搤其右，員山、玉山枕其後。自山至海，寬廣不及四十里。自三貂溪南至烏石港三十餘里，皆山石無地。自烏石港至蘇澳山下，綿亙不及百里，然一望平疇，溪港分注，實天生沃壤也。」當渡海尋求新生之地的農耕族群，艱辛翻越草嶺古道，初次來到了平原，望見眼前的那片草莽未闢的「天生沃壤」之時，心中必生強烈的屯墾欲望。嘉慶初年發生的這場遷徙，跨越了清帝國的邊陲界線，徹底改變了往後的平原面貌。跟隨著漢族移民腳步而來，新的文化內涵、信仰和生活方式，也同時注入了這片全新的希望之地。

清嘉慶之初，與吳沙同為漳籍，曾入蘭遊歷，撰有〈甲子蘭記〉的泛遊詩人蕭竹友，以其善堪輿之術的個人經驗，及對蘭地的地理風土及山川形勢的描述，都不同於一般文人官宦的獨有觀察角度，能較為具體而真實的賦詩記載蘭陽當時的風水地理、親身感受，並曾有過「故國名山，未能勝此」之慨。因此，為後世宜蘭人留下如「蘭陽八景」、「陽景三絕」這般描繪地景地貌的詩篇。直至今日，我們依然能從其所描寫的詩境，目睹和前人所見相對應的景致，實令人心生親近之感，和亦古亦今的無限遐思。

在蕭竹友的〈蘭中番俗〉一詩中，寫到「徧履蘭中地，番莊卅六多。依山茅蓋屋，近水竹為窩」，董正官〈番社〉中也描述「獻地當年此熟番，社分卅六駐平原。譯名武歹龜劉別，問俗榛狉鴃舌存……」以當時的漢人眼光看來，面對眼前這開化未深，且語音怪異難懂的陌生族群，漫野草木叢集，野獸橫行的平野，迥然不同的全新環境。這群懷抱著希望，闖入這片想望的桃源新地的漢人先民，在第一次落穩腳跟，站在平原北端，那個突露烏色礁石的河岸荒埔上，引首望向平野南面豁然而開的一片荒茫，心想，從今就將安身於此，繁衍生息，遠離原鄉故里，歸土於斯，到底會是一個什麼樣的錯綜心情？

由於唐山原鄉存在著人口與土地的雙重生存壓力，漢族先民帶著何其無奈與不捨的心情，決然背井離鄉，橫渡黑水溝，跋山越嶺，在交雜著惶恐與期待的複雜心情之下，犯險來臺，入蘭開墾，盼尋得能安生的機會。

不過，不是所有面臨生存壓力的人，都有勇氣拋開一切，衝出固有藩籬；不是勇於橫渡黑水溝的人，都有幸能存活下來；對於全然陌生的前路，也都能無畏而前，不顧凶險去闖。

當初，勇於掙脫唐山原鄉社會，那數千年遺存的厚重宗族體制與禮教束縛，冒險渡海來到後山尋找新地，在瘴雨蠻煙的險惡環境下，面對錯綜殘酷的族群生存鬥爭與不可預測的天災疫病，最終還能存活下來，我們的先祖輩，有著經歷層層嚴苛篩選的殘酷過程。這些開闢的先鋒勇者們，血液裡自然天生存在著，某種叛逆、執著、拚鬥的冒險基因，能存活下來的，身上必也帶著強悍不屈，又富於開創精神的拓荒性格。其堅韌冒險的潛藏性格，如今，仍是隱隱的存在於我們的身肉血脈裡。

為了能夠獲得生存的機會，現實除了面臨彼此的爭鬥競爭，還得要懂得適時的相互合作，嘗試重塑新環境的族群認同，才能適應陌生環境，獲得生存機會，延續世代。經歷這樣的過程，一種強烈對新土地的集體認同，融入了新集體性格之中，自然也會是我們所承繼的一部分。

競爭與合作，融合與適應，一樣得像經歷著季風與洋流考驗的生命種子，終於落下這片土壤，出芽茁壯，捏塑出宜蘭人的特殊精神樣貌，並以鮮明的本地性格顯露出來。這些鮮明性格，表現拓荒歷史經驗的潛藏遺留，如今依然是有跡可尋。

神祕又帶著楚裔尚鬼遺風，有著開拓年代的粗獷、生猛，與生死交關的印記，隱含對生命無常的悲憫與敬畏的頭城「搶孤」民俗，就表現出這樣一種強烈的冒險基因特質。

「搶孤」之俗，跟隨著渡海先民的開拓腳步，來到了這個「此去汪洋接太空，傳言萬水盡朝宗」（董正官〈東海．三港通洋〉）的東海之濱。歷經過各種艱難險境，前方看似無路，一路行來，眼見多少飄零他鄉的無名之魂，孤惶又強烈冀望獲得存在的意志，唯有用渡海船桅撐起的巍然高臺，豎立參天入雲的孤棧，才足以迫令仰首，傾洩這一路的驚憂敬畏心境；似乎不藉著一種介於生死之間，跨越陰陽兩面的犯險行為，不足以表達所經歷過的一切艱險境遇。

烏竹芳的〈蘭城中元〉：「殽果層層列此筵，紙錢焚處起雲煙。滿城香燭人依戶，一路歌聲月在天。明滅燈光隨水轉，輝煌火炬繞街旋。鬼餘爭食齊環向，跳躍高臺欲奪先。」詩中，形象描繪了祭典中，焚香供祭、遶境放燈、高臺爭食的奇異情景。有種香煙繚繞，人聲喧嚷，帶點蠻野與神祕的詭奇氛圍。詩中所現當時的情景，時至今日，亦能透過流傳下來的搶孤祭儀揣度並感受。

虔誠與敬畏的強烈儀式化祭典，帶著生寄死歸的奇特關聯，悲憫之心似乎已無分生死兩界。燈火明滅，紙煙繚繞，陰陽交錯之間，那個原屬於陰界的夜，竟是人聲鼎沸。凝望當刻的昏晦詭奇，巍立著高臺的河岸開拓聚落，彼時，定是這向陽平原陰鬱暗夜中，最晶亮的角落。

這是一場由生者演繹的死亡儀式，一個跨越生與死、陰與陽的交會場域，帶著神祕詭異的氣息，也充滿著對生命追逐的最真實場景，是飄洋過海而來的生命種子，落土、萌芽、繁衍的生命過程。這種濃烈的歷史生存記憶，讓我們身處如今，猶能想像在某個相似場域情境下，還能與過去的開拓先民，有種奇妙的思維連結，和那個跳動著叛逆、強悍、開拓精神的血脈基因同氣。

如今，這個跨越陰陽、生死的久遠儀式，仍舊還在這片帶著歷史遺風的土地上延續著。

兩百多年來，世代繁衍於此的先祖，不論歷經過何種處境，是爭鬥，是疫病，或是天災劫難，他們早已遠離那個最初渡海的來處，在此落了地，生了根，身化作塵，歸土於斯。奮力開拓的遙遠身影，早已隱沒在層層的時間深處，而我們也早已適應了這方繁衍滋長的「水土」，才有了現在的樣貌。

近代兩、三百年來，人類歷史有了爆炸性的文明物質發展，工業革命完全改變了如今的世界樣貌。在這之前，或可知數千年的記載文明，甚或更久遠的蒙昧時代，以近代文明發展的眼光來看，過去文明生活改變的過程，發展進展是何其的緩慢，人類的生活方式，從未如近代世界這般快速的改變。

但兩、三百年以前的世界，或數千年以前，以農耕為主的過去世界，除了現代物質，人對生活的體驗與生存的理解，與今並無明顯的跨越，我們仍有能力體會並感受，那時人對生活的經驗與情感的表達。褪去多餘的文明禮教，在人性上，我們其實與古人無異。如今，我們依然能感受千年詩經裡所表達的真摯人性。排除文明物質，僅靠純粹對「人」的理解，或能想像那個未曾經歷的時空，關於尋找生存的樣貌，我們有了可以貼近它的另種方式。

相對處於樸真、自然生存狀態的原住民族，如平原上的噶瑪蘭人或山林中的泰雅族人，他們自在生存於天地自然之間，生活依託於土地之上，生存與情感的狀態，更似千年前生活的人！那是一個仍能想像的美好，平和而簡單的純粹生活狀態，一如避世無爭的桃源境地。漢族先民，勇於拋棄束縛，歷經艱險，最初，也只是為了這平和而簡單的純粹願望，希望有個平靜安和的生存之所。

因為對美好有想像，願以生命之險去追求；因為對生養土地有所依賴，而尋找賦予美好想像的親近方式。

生有所寄，死有所歸。在這個角度上，我們與過去的人並無二致，前人披荊斬棘，尋之所向的艱難探求，最終牽繫在這片能生根安養的土地上，想像世代立命安身的心靈故鄉，原來可能的樣貌，以桃源美境看待，在心能獲取平靜的地方，尋找浪漫美麗之所在。

春帆夢境

巍峨重巒聳接雲　萬頃碧波浪掀天
那聽見的是海濤澎湃　是舟行蕩漾
還是街市裡的人聲喧嚷
我的想像穿梭於河海帆影之間　彷若夢境一般

不知，還有沒有一個地方，像似我想像裡的百年頭圍一般，循著日月升落方向，由東而西，從蔚藍大海、沙丘漁村、繁忙河港，攀上了喧嚷街市後，往平原田野、茂林飛瀑而去。不遠背靠重嶺雪峰、層巒疊起，背山面海形勢，僅在這兩里寬幅之間！

從海岸到山脈，零至千米，地理漸升，再由山麓下望，浩瀚大洋，孤嶼佇立，天地間，風捲雲起，氣象萬千，就在這山海交會的方寸之地。

夢見石港

海連著天　天映著水　季風帶來了風帆
我上了我的岸　走進夢中的小鎮
我望見石港的春天

頭城街肆的發展，從嘉慶元年，吳沙入蘭開始，頭圍街沿著舊河道一岸，逐具雛形。嘉慶十七年（一八一二）建治設廳的同時，頭圍縣丞初建草屋五間，供辦公之用。在設治首任通判翟淦的主導下，頭圍聚落展開新造市街的計畫，以信仰中心慶元宮為指標，貫穿南北，劃分街路地基，招募民人，起造店屋。

Martin
2014.1

Martin
2014.1

形勢坐西面東，前為空地，後有車路，東面河海形勢，而成交通運輸、貨物集散起卸之處。後從一列街屋，逐次成彼此面向的商業長街，而盛極一時。

從北起的十三行至慶元宮，為原始頭圍街街段位置。爾後，繼續往南發展延伸，街市結構逐漸在同治年間形成，並於同期在南北兩端街心，建起了具有風水意義的南北福德祠，護衛著這塊先民戮力開拓經營的寶地，形成如今和平老街的最早樣貌。此階段，也正處於烏石港的全盛時期，成為蘭陽平原與大陸之間的貿易要口。

眼前的這片舟帆穿梭的寬闊水域，百年前，船舶停靠在媽祖宮前，與閩粵諸口通商往來，商務交易熱絡。遠處海岸沙丘上的大坑罟漁村，往來頭圍全靠駁船來往於兩岸，鄉賢舊人記載，每逢端午時節，都會在河域上舉行龍舟競渡，曾經熱鬧非常。

「端午節時把船在水上併攏著，作成演戲的浮動舞臺；岸上人山人海，人手一把題作著詩畫，點洒了香油的扇子，萬目齊視著烏石港上的賽龍船，隨著扇子搧揚處陣陣芬芳撲鼻，這種令人極端嚮往的昔古光景，祇能當成追憶了。」這段鄉里前輩作家李榮春，在其短篇〈和平街〉裡的描寫，讓我們看見上一個世代，頭圍烏石港迷人的人文風情。

日治大正年，山洪造成嚴重淤塞，石港海運盛況遂告結束。滄海變桑田，後來形成的一片推浪搖擺的稻田，是幼時對此地的鮮明記憶。因此處地勢低窪，每逢夏季颱風來襲，經常氾濫成災，汪洋一片，眼前只能見，通往大坑罟的田間路上整排歪斜的電桿，那時的景象，巧似百年前的半里河域重現。石港迷夢，漁歌鼓棹，重又徘徊，只是缺了輻輳穿梭的帆影，與岸邊碼頭喧嚷的人聲。

石港夜色

風清月朗　夜色闌珊
收起張揚的帆　顯見船桅的堅毅身影
在小鎮的柔光中暫歇
只待潮漲風再起時

「蘭中惟出稻穀，次則白苧，其餘食貨百物，多取於漳、泉。絲羅綾緞則取資於江浙。每春夏間南風盛發，兩晝夜舟可抵四明、鎮海、乍浦、松江，惟售番鏹，不裝回貨。至末幫近冬，北風將起，始到蘇州裝載綢疋、羊皮諸貨，率以為常。一年只一、二次到漳、泉，亦必先探望價值，兼運白苧，方肯西渡。其漳、泉來貨，飲食則乾果、麥、豆，雜具則磁器、金楮，名『輕船貨』。有洋銀來赴羅者，名『現封』，蓋內地小漁船南風不可以打網，雖載價無多，亦樂赴蘭以圖北上耳。其南洋，惟冬天至廣東澳門，則裝運樟腦，販歸雜色，一年亦只一度也。」（《噶瑪蘭志略．卷十一》）

《噶瑪蘭志略》裡的這段描述，說明蘭地與大陸諸口的貿易互市內容，及船運往來受限於季風潮汐條件，和「府澳船運淡水，須趁南風，其由淡至蘭，須趁西北風。……一年只能往來一次」（《噶瑪蘭志略》）的現實限制，往來兩岸的貿易客商，必是要暫留頭圍，等待季節風向來時，再次揚帆。上岸停留的客商，

Martin
2014.3

收帆留宿小鎮客家旅店，宴飲取樂，伴著朗月清風的夜，一柱柱突冒鏽紅色瓦屋頂上的船桅，必是那時常見的景致吧！

頭圍秋夜

遠久的歲月，靜謐的城
秋色柔柔的光，似母親撫慰的手
弄，靠岸的板船，任隨河面緩緩呼吸，輕輕的浮起又落下
漸漸寐入了深夜的懷裡……

已難想像，那個秋月映照頭圍港面的靜謐夜了。百年前，漸失功能的頭圍港不再繁忙，僅存的淺淺水域，泊著小船，岸上昏暈的屋燈，遠處墨黑如剪的山影，伴隨百年靜默，等它沉積，變成稻野，蓋起了樓，將久遠時間的片段封存，隱沒在小鎮不起眼的隙縫中。

「每年中秋節這一天，都有直達海水浴場的公共汽車，一班緊接一班，載運著各地方的人士，趕到

Martin
2014

我們這裡來觀月。」老么跟著說。

「海邊比街上更熱鬧哩。」

「沿海都是人，一堆堆燒起柴火，嘿嘿，確實很熱鬧。」

「以前不興這一套，觀月燒火堆還是最近才流行的。」老二莫名其妙的笑著。

「很多人在海邊一直玩到天亮呢。」

——李榮春，〈中秋節〉

小說裡描寫的觀月海灘，是數代頭城居民共同的中秋記憶，已在二、三十年前，隨烏石新港的建設，跟著沙灘　起消失了。

記得過去，每逢中秋夜，媽祖宮前高臺鞦韆及炸炮臺熱鬧舉行著，小鎮的廟埕、郊野、海濱、街上人潮滾滾。這個夜，沒有人願意留在家裡，鎮上的人，總是帶著應景的月餅、香柚、汽水點心，來到不遠的海水浴場海灘賞月觀浪。柔軟的沙地，一簇簇席地圍坐，似是鎮上半數的人都來了一般，伴著皎潔月光，黝黑海面的鱗光閃閃，富有節奏的濤浪聲，海風拂面，極富詩意。如今，我們離那個詩境港岸已遠，也失去了海風襲人的柔軟沙灘，秋色柔美難覓，夜深也未必能有個好眠！

Martin
2017.6

倚岸望帆

浸沒時間的魂，有頹隱河港一樣的遺魄。
船岸新起的痕，紋開了丘上春草推出的波漾。
相去不遠的記憶印痕，藏有古早就駐留在此的久遠思念！
那一衣帶連的水，牽繫著，是不易辨清的遠久關聯，有如早已失了魂魄的夢樣港岸！

頭城北門外，現今武營附近，有一個本地稍長的人都知曉的地理舊稱「埔仔下」，此處曾存在著一個當地人稱作「姓吳仔底」的吳姓聚落。這個位於原頭城國小東側下方的村落，因開發原因，成了二號公路（青雲路）的一部分，完全消失了！

從地理名稱上看來，「埔仔」實是先民安息之地；又以舊時空間及幼年猶存的印象來看，進入此聚落前，有一斜坡，村落低於國小校地落差明顯，此地應為舊時烏石河港岸邊無誤。因而，從這些想像推測，也許有著這麼一段時期，此地曾經能見，循著烏石礁指引而來的帆桅，橫過村舍的竹圍梢上方，開向那個他們涉險而來，建立的港岸停泊！

幼時，從頭城市區而來，到達「姓吳仔底」的青雲路，是一條沿著早期河岸開闢的路，東面原是一片稻野，直到靠海的大坑罟村落。路西一側高處，那時，仍座落著一些先人墳塚，左上一個小坡連接國小側門，校園北面一角，那個長滿鳳凰木的「林間學園」野草地底，零散布滿無主的金斗甕，是許多那年代孩子的共同記憶。那些不知年代的先人遺骨，以蘭陽平原較晚的開發時間看來，極可能屬於開拓屯墾早期的先民遺骸沒錯！這片介於烏石礁及頭城街肆當中的地方，在開發早期的一段時間，應處於相對荒蕪的狀態，因而成了早時先人的歸身之所！爾後，隨著城鎮開發的擴張，漸漸隱沒了原有的樣貌。

桑田前影

「沙既通番久，嘗深入蛤仔難，知其地平廣而腴，思入墾。……以嘉慶元年九月十六日進至烏石港南，築土圍墾之，即頭圍也。」這段清代赴噶瑪蘭任通判的姚瑩，在所撰《東槎紀略》中的記述，說明了頭圍（即頭城）的建立，和其與烏石港的相關位置。

在這港與城鎮約一里之地間，從古早以來就有的「埔仔下」與「武營」的舊稱地名看來，清代建港駐兵，先民安土之地的城鎮早期形成的空間配置，可得到合理的推測。

在清光緒年間，因山洪爆發，烏石港淤塞，漸失功能前的一段繁榮時期，這裡曾是蘭陽門戶的重要河道。直至日治初期再次天災肆虐，河道功能盡失，原來的河道水域，應有經過沼澤地到開墾成農田耕地的變化過程，如今成了都市重劃區。百年地貌，早經幾番轉變。

以前，曾與祖居「埔仔下」吳姓聚落的同鄉大哥聊起，他述及幼年與同宗兄弟，在舊河道的祖傳田地

2017

裡，踩踏到疑似船桅立柱的過往經驗，著實令人充滿懷古的想像。百年以前，那場突發的天災，必曾掩沒許多停靠岸邊的船舶吧！滄海桑田，感慨變化之大，也不過是百年光景而已，實難想像那個船帆川流而過的景致，曾經是何等的美麗悠然。

歸土於斯

舊烏石港河岸西側，現小鎮北門外武營附近，原「埔仔下」，包括現今國民小學一帶，附近早期常可見先人墳塚與無主的金斗甕，極可能都是開蘭初期先民的遺骸。以清代城鎮的規模與配置來看，這裡距離烏石河口不遠，原應是城外河岸邊的一處荒灘。開拓早期的先民，來到這個遠離原鄉的地方，尋找能安身立命的機會，哪還能奢望再回去的一天，後因已安居於此，必也視此地為歸身之所。

祖上數代以前，居住在海岸沙丘聚落大坑罟的先人的墳塚，在還未移下山奉葬前，原是葬於外澳石空山附近的山裡。過去，每逢清明掃墓時節，總會跟隨著族中父兄，沿著外澳天公廟右側山徑，徒步北行曲折入山。約莫半個多小時後，至一座坐北面南的獨立山麓前，張望選擇著約略方便攀登的位置，帶著隨身的劈荊砍刀，開出一道可以靠近祖先墓塚的路徑。每年重來，去年登越的路，早已掩沒在重新長起的叢草雜木之間，僅憑著印象，尋找位在墓塚一側的竹叢為記。穿梭在密林之間，實難一眼看透，艱難的劈砍摸索前進，一趟祭掃過程，總得花上一、兩小時的工夫。其時曾想，先人為何選擇安葬於如此不便的山間？但當立處於山麓之上，視野實是開闊，確也是一塊風水寶地！但仍是有所疑惑，此山其實還有些陡峭，先輩安葬棺柩時，必極不便，而在交通距離上，似未與位在頂埔金面山腳下的公墓有太大的差距。當初為何做此選擇，已無從得知！

後自推想，祖先葬墓時間約有百年之久，實不能以現今地理地貌及交通條件來看待。想像時間要回到百年前的那場淹沒河道的洪災，時烏石港淤塞，航道功能盡失，以後，從大坑罟海岸、沙灘一路可連接到外澳，以至石空山一帶。再說日治初期，大坑罟與鎮上的交通，仍須橫跨廢河道，實仍不便，或許外澳石空山方向，對當時的大坑罟來說，會是一個更方便的距離。時間地景的改變，使空間距離產生不同的感受，過去，最直接的草嶺通道；如今，穿越雪山，也已不再是最遙遠的距離了！

行板而訪

扁舟一葉下頭圍，別意離情滿夕暉。
野渡無人春草碧，鷗鷺沒水掠魚飛。

——李逢時，〈頭圍〉

2018.1

舊時「頭圍」是吳沙開發蘭陽的發祥地，千山環繞的蘭陽平原，昔時，除了翻越草嶺，別無它途。淡蘭之間，進出不易，直至頭圍有了烏石港的開埠，平原集散，人來進出，才有了大宗運輸的海路之便。市鎮媽祖宮廟前，川流不息的人員、貨物，港上往來船隻穿梭如織，曾有段繁華興盛的發展時期，因此也曾被稱為「小蘇州」。

清咸豐年間拔貢的宜蘭詩人李逢時，在舊時，曾沿著原與宜蘭河同源的頭圍河港河道，從所居員山堡，尋訪「頭圍」，並將所見賦詩。在寧靜自得的探訪過程中，舟板穿行於平原曠野水道間，一途充滿自然野趣的景致為伴。傍晚餘暉，鷗鷺飛掠，順流而下，遠望著前方不遠的「頭圍」街肆，悠然而訪，河畔小鎮定有了不一樣的詩意。

河與海之間

漢人入墾宜蘭之時，西勢大溪由烏石港出海，流經頭圍聚落的一段稱為頭圍川。大坑罟，這個介於河與海之間的狹長海岸沙丘地帶，在光緒初年，山洪造成淤塞前，與頭圍街之間有著寬闊河面阻隔，往來兩岸須由駁船交通，因而又稱「過港」。

開拓先期，渡海來臺的大坑罟祖先，由此登岸。先人帶著從原鄉廟中分靈而來的玄天上帝與關聖帝君，在頭城大坑罟尋求立足之地。因沙丘貧瘠，耕地有限，鹽鹼低窪，不利耕作，早期先民多從事牽罟漁撈、修船補網等工作。在烏石港商業鼎盛時期，村人也以碼頭搬運、雜役為業，後因人口及腹地開墾壓力，村人遂向神明擲筊請示，各分一組罟網與神祇，一部分人向南遷墾蘇澳一帶，因而有了平原南北各有個大坑罟，系出同源拜兩神的歷史原由。

記得小時候，父祖輩生活的頭城大坑罟，仍有著許多以蛇木立柱、竹篾編牆的茅草屋。每回，要到住在村北「汕尾」的祖父母家，從跨過村前小橋開始，就須一路沿著村裡人家的菜園圍籬、屋下小徑、廟埕廣場間，曲曲折折的穿梭。整個村落，屋舍、菜圃田地參雜，就是一個毫無規劃，自然形成的居住聚落，可想見，清代早期村落的形成，大概也會是這樣的樣貌。就連村北至烏石港間的海岸沙丘地，村人早期開墾出來的花生田，亦是各占各地，大小、形狀各異，如同複雜的沙地拼圖。村中原無貫通村落的明確道路，屋前屋後，村內四處生長著一些沿海一線常見，如黃槿、林投的耐鹽鹼植物。院落茅屋、園圃圍籬、廟宇交錯，村莊樣貌，有著開拓早期自然集村的原始形態，加上濱海漁村特有的沙地鹽鹼氣息，伴隨海風與海岸林外的浪濤聲，這個存在於河與海之間的地方，生活著一群堅韌而樂觀的海之子民。

2018.5

消失的村落

清代，商業興盛的頭圍聚落，隔著河港東側，一道起伏低緩的海岸沙丘，也就是現今頭城大坑罟與竹安之間一帶，曾有過一處稱作武陵庄的漢人聚落存在。

在蘭陽平原早期，北流出烏石港的西勢大溪未改道之前，沿岸沙崙一線，大坑罟連接著當時平原最北端的噶瑪蘭部落「打馬煙社」。一八七八年（光緒四年），一場改變烏石港命運的突發山洪，瞬間一夜摧毀了這座謎樣的村莊。從此，烏石港逐漸淤積，頭圍港出口南移，船隻改向「打馬煙」附近進出。

武陵庄所處的位置，屬於南北狹長的海岸地帶，外側飽受潮汐鹽鹼侵害，沙丘內側則是河岸沼澤，西面有福德坑溪、金面溪等河流注入，地勢低窪易受水患，附近甚至有一個早已無人知曉的古早地名「浮州仔」。自然條件相對惡劣，土地難以耕植，嚴苛的環境條件，應是早期未形成噶瑪蘭聚落的原因！清末的那一場毀村災難，使得土地流失，河川改道，屋毀人亡，倖存者被迫遷徙至大坑罟北端汕尾一帶，或是南遷打馬煙，從此頭圍河港改變了地理地貌。一個曾經存在過的村落，消失在洪流之中，遺失在人們的久遠記憶裡。如今，也只能在「搶孤」民俗中，最後一個立上的「關棧門」，「元祖武陵庄棧」的遺留中去尋找了。

擱淺

你的航程沒有了歸期，我的港口堰塞了出口。
你的身軀阻斷了我的路，而擱淺的卻是我的夢。

嘉慶元年，漢人入墾蘭陽時，平原的西勢大溪由烏石港出海，與港口南面不遠的頭圍聚落一水相連，而流經其間的河段稱為「頭圍川」。一八七八年（清光緒四年），烏石港河道開始淤積，同年，又因豪雨成災，引發山洪，河道改由南邊的打馬煙出海，在一八二六年（道光六年）啟建為正口的烏石港面臨淹滅危機。光緒九年（一八八三），一艘美國大型角板船觸礁擱淺於烏石港港外，烏石港更形阻斷，船貨必須以小型駁船接駁，由打馬煙一處進出，於媽祖宮前交易，開始了約近四十年的頭圍港時代，繼續延續著頭城經濟發展的功能。直至日治大正十三年（一九二四），再次的洪水，令港口化為沙石一片，百年石港正式走入歷史。

爾後，那個與海相連的港岸老街，就隨著時間逐漸隱沒在城鎮當中。百年繁華又百年遺落，當初的繁忙興盛，為早期地方的文化發展，提供了一定的經濟基礎。作為開發初期的平原重鎮，仍保有其古鎮風華與文化氣質，書房與鸞堂的發展蓬勃，詩書禮樂、文教活動興盛，往後人傑輩出。沉默百年的河港城鎮，是否還有夢，還能找到揚航的出口？

帆影

迢迢高掛最檣端，掩映蓬窗又畫欄。
烏石春來揚萬幅，龜山日上照三竿。
計程隱約隨風轉，無恙分明帶月看。
絕好平湖秋夜景，倒懸片片印波瀾。

——盧纘祥，〈帆影〉

由於道光初年的建港開埠（烏石港），頭城成為了平原上重要的對外貿易商港，也曾有過舟船雲集，商業繁盛的發展時期。這個因海而生，因港而興的山海靈秀之地，爾後更逐漸在商業基礎下，形成文風鼎盛、人才輩出的蘭陽歷史與文化據點。後因天災洪水淤塞，日治初期的鐵公路陸續開通，漸漸隱沒，為人淡忘，讓這座離海約半里遠的遺落城鎮，早已失去它當初存在的理由！

前輩詩人曾經目睹的高檣帆影、日照三竿，或是明月高懸，展開眼前的平湖開闊，必映照萬千景致，令詩人擊吟詠嘆。一九二七年，由淤積河港建成「史雲湖」之時，盧纘祥邀集地方文人，於湖中亭閣小橋，遊湖賞景，以「蘭池魚躍」為題，飲酒賦詩。如今，遺留的河港遺跡，仍記錄著那一段美麗的文化精彩，見證地方文風傳統！

2015.6

被遺忘的「鳳萊市仔」

百餘年前，在頭城南門福德祠後方，曾存有一處當時頭城地區最大的果菜集散市場「鳳萊市仔」。從現存老街南北福德祠形成的街廓結構，一座需要寬敞空間的集散市集，建於南門福德祠南側看來，此地當時應是房舍相對稀疏的城鎮邊緣，又因倚靠著水路交會處，市集建此，實是合理。

此地，舊時隸屬於「拔雅林庄」，百年前，在城鎮西邊山腳一帶，原是鳳梨的盛產地（現頭城國中所在地附近），因距離這個果菜市集很近，所收成的鳳梨大多運送到此集散販售。由於鳳梨的品質優良、美味香甜、價格合理，因此遠近馳名、聲名遠播，專程到此買鳳梨的人數大增，爾後，大家便稱此地為「鳳萊市仔」。

上頁圖中右上所示的南門福德祠，及遠處海面上的龜山島，標示著這座市集歷史空間的相關位置。在此時期（十九世紀末），天災洪水造成頭圍川河道淤塞，因而漸失功能，烏石河港進入了頭圍港時期，頭城航運的出口，南移至圖中右上角，十九世紀末馬偕博士傳教登岸的「打馬煙社」附近。

以現時，在昔日的南門福德祠附近的和平老街，地勢低於舊時烏石河港流域通過的省道青雲路來看，原有產生運輸功能的那條運河及舊有河道的地勢位置，應低於現在許多，甚至更加寬闊才是！滄海桑田，如何還能想像當年的河道繁忙景象！

河道邊的果菜市集

百年前，「鳳萊市仔」旁邊緊鄰著運河河道，方便許多船隻運送蔬果由此上岸。

兒時，由西而東，穿梭鎮內區域有條「溪底溝」。從西面山腳流下，經喚醒堂南側鐵道涵洞穿過，蜿蜒舊的鋸木廠邊，沿著已被拆毀的「薐漁之家」前的西一巷，經本地小說家李榮春早年幫工的腳踏車店，流經有著時間況味的「小涼園」冰果室藍色窗臺下，一路順延著曲折秀美的中庸街南段行進，穿梭過和平街原有的小橋下，貼扶著南門福德祠的後方，過了青雲路，一路穿越田野。流向大海的這條時間記憶虛線，過去曾經清澈，如今，早被覆蓋於水泥板下多年！

清代陸路交通較不發達，城鎮常建於水路交會之處，因頭城烏石港在平原的航運地位的歷史背景，合理推定，貨運倚賴水路，必是當時此地集市重要的運輸方式之一。

以現仍存在於北門外的頭城溪，及隱伏南門路下的溪底溝看來，舊時，面對有半里寬烏石港水域的頭圍聚落，就建於環繞著水道的岸邊，城鎮所在附近的大小溪流，皆注入頭圍川，並流出大洋。這些水路的記憶，說明著這座被淡忘的河港小鎮，曾經與海的緊密關係。想來昔日的聚落景象，必有幾絲江南水鄉的況味吧！

2017.3

天地人鬼間

十八世紀末，漢人拓墾蘭陽，於烏石港南，建聚落、開港埠，至今兩百餘年，物轉星移。唯開墾之初，因原漢衝突，漳泉爭鬥，瘴癘疫病頻仍，為普濟孤幽，承楚裔尚鬼遺風殘存至今的特殊民俗「搶孤」，仍在這座開蘭首城延續著。此一習俗，經時過境遷，早非過去的精神樣貌，而今成為一種民俗觀光形式存在，其舉辦地點，也已非原開成寺前埕。

源自於唐山原鄉的「搶孤」之俗，早期曾普遍存在於臺灣漢人社會的中元祭典。如今，不論從形式、規模還是耗費來看，「頭城搶孤」都已成為臺灣重要而獨特的民俗資產。每逢祭典舉行，總吸引著來自各方人們的好奇眼光，爭相感受著那股傳遞自拓墾年代，富含歷史時空想像的古早遺風，並領略震懾人心的奇異神祕氛圍！

百年頭圍，位於城鎮南邊，南門福德祠後方的「鳳萊市仔」，以現在的地理空間看來，離原有開成寺廟埕，也不過是隔著一條街的距離而已。可以想見，市集及廟埕的傳統結構空間關係，在如此的距離，廟宇與集市，曾是如何緊密的共同存在！

位處老街南段喧嚷的「鳳萊市仔」，瀕臨舟楫穿行的舊河港，遠眺著浩瀚大洋中的龜山島，一幅穿梭時空的壯闊畫面，會是現在與過去可以對話的無形通道，曾存在於百年頭圍！

英靈同歸

客死異域三千里，屈居陋巷二百年。

相傳清嘉慶元年（一七九六），吳沙公率漳、泉、粵三籍先民入蘭拓墾期間，因天災、疫病及戰爭而往生者，大多是隻身來此的羅漢腳，歿後無後代祭祀，於是便將死難鄉勇靈骸，奉祀於「英靈祠」，藉由每年的中元普渡祭祀活動來普渡孤魂、祈望地方平安。

這座隱沒在開成寺旁巷內的「英靈祠」，據傳是原、漢共祀同歸，是傳統「搶孤」祭典最初的重要對象。如今「搶孤」活動，人們多是帶著獵奇的眼光觀看，原來存在的傳統意涵和肅穆意味淡化了。難以想像，在開拓初期的那個年代，先民如何能接受這樣的共葬安排？

以傳統漢人的族我中心觀念，當時與之鬥爭的原住民，除了是生存的競爭對象，必也以蠻夷的歧視眼光看待。當時必無所謂的「族群和諧」觀念，能如此包容接納，先民必是站在同為「人」的慈悲心，拋開原鄉千年禮教制約，體悟開拓這一路艱難，多見生死的無常處境，所生的悲憫胸襟吧！知往鑑今，先人的寬懷容納、敬重生命的真摯情懷，有著橫越時空的珍貴意涵與積極的現代意義！這段生存歷史的久遠明鑑，值得現代的我們省思與珍視。

祠

暗夜晶亮的角落

渡海　拓墾　慰靈　悲憫
高梲　層臺　普渡　順風

《噶瑪蘭志略卷十一．風俗志》：「七月超度，自初一至月終，各里社僉舉首鳩金，延僧禮讖，普施盂蘭法食，家供牲醴時羞果實，結綵張燈，焚化楮鏹，不計其數。先一夕，各首事子弟皆捧一座紙燈，上書姓名、鋪號，結隊連群，金鼓喧闐，送至溪頭，名曰『放水燈』，謂將引餒鬼以就食也。」

帶著送厄、祈福意涵的「放水燈」，是中元普渡盂蘭盆會祭儀中，極富宗教悲憫，接引孤魂領受普施象徵意義的儀式。放流水燈，引餓鬼上陸享用普渡祭品，對一個近海的拓墾聚落來說，鬼門關前的黃曆七月暗夜，陸上高臺紙煙，燈火映照，醮壇法會供祭施食，與幽暗不可測的深邃大海，是何等自然的連結！

沿著竹安河口放流出海的水燈，發著熊熊火燄，漂蕩不定，往著幽黑的海面而去，對應著海濱沙岸上所布設的香案，手持招幡的高功道長，誦念受渡牒文，開始了陰陽接觸的祭典儀式。想像著遠久拓墾時期的平原，那個原屬於陰界的夜，竟是人聲鼎沸。凝望當刻的昏晦詭奇，巍立著高臺的河岸開拓聚落，定是彼時，這個向陽平原上，陰鬱暗夜中最晶亮的角落。

看搶孤

……隨著每一班火車一到，都劇增著一陣陣洶湧的人潮，像滾滾急湍的洪流，朝著開蘭路急沖地蜂擁而來。這鄉下地方，一般民居都是普通平房（時間是光復第二年），空中毫無阻礙，一下車便可眺望出現在佛祖廟前這個雄偉、奇異、氣氛神祕的盛景。

——李榮春，〈看搶孤〉

這是摘自李榮春〈看搶孤〉短篇中的一段描述，小說記下了作家曾有過的經歷，見聞了搶孤祭典舉辦時的盛況。在當時，一片低矮平房間，突兀高聳的孤棚，冒出古鎮的紅瓦屋頂，有如高聳巨獸，加上祭典特有的焚紙煙硝氣味，廟前法壇點燃著斗燈，散發出昏黃閃動的光影，更加深了這個雄偉、奇異又氣氛神祕的特殊景象。

在四邊一片暗黑的平原小鎮上，乘著火車而來，層層湧入的人潮，隨著時間逼進，從太陽逐漸下山，直至深夜，人聲逐漸沸騰，情緒越堆越高，廟前所立高閣層臺，就將上演一場陰陽莫辨的競奪儀式。一場與宜蘭開墾歷史密切相關的祭典，透過前輩作家逾一甲子的記述，我們或可藉由對文中描述的想像，再往前推想，比這個時間更遙遠的年代，接近那個開拓初期，桅杆豎起，立檯祭祀，鬼餘爭食的原始面貌！體會先祖開墾的艱辛，慨嘆從渡海、開拓、經營的一路脈絡，如何一代代，藉由如此強烈、本能，又帶著一點蠻野的儀式，將強悍、堅韌的血脈性格，透由遺留下來的久遠祭典，一脈傳遞至今。

李榮春，一個臺灣文壇仍有些陌生的名字，終生蜷居小鎮，緊守著對文學無悔追求的崇高信仰，以全生命投入，面對世俗異樣的眼光，不改獻身寫作的堅持，以他沉靜堅韌的性格，將其人生與文學融為一體，一生堅持文字創作，直至生命終結，為他，及其家族和所愛的故鄉，留下近三百萬字的珍貴寶藏！

二十幾年前，一次在臺中的書店書架上，無意間瞥見一本名叫《烏石帆影》的書。作為一個頭城人，這幾個字，是直覺瞬間能截住眼光的字眼，但作者名字卻是極陌生，為何自己從未知曉周邊有這樣的人？好奇的從架上抽出了這本書，驚訝發現書面上一個熟悉的身影，這是自己第一次知道，那個幼時常在家鄉街上遇見的靜默長者，竟是一位經歷特殊，一心一意奉獻生命寫作的可敬前輩。後從他的小說裡，看見了所描寫熟悉的家鄉節慶生活、人情人物與街巷景致，備感親近。雖然彼此有著輩分上的差距，那時就算知道，也未必能有所交集，心底仍有種錯身而過的淡淡遺憾。

一個耿介、執著，堅持理想的孤獨身影，一人一生寫一地，堅守文學心靈，是他對自己生命的開拓與捍衛，精神何等堅定而高貴，開蘭首城，幸能有此一人。

曾經桑田

曾經滄海變桑田，眼前這一片，幼年記憶裡的田野，離那個山洪狂肆，掩沒河港的年代，已有半個世

紀之久。如今，再離那片記憶稻野，又過了半個世紀，跨度百年小鎮的變化歷程，我們見到了時間「改變」的力量，認識自然所發生的一切，就是一種「不變」的常態。人處其中，何其渺小！

存在於情感意識裡的另種深層鄉愁，我勉力透過想像，搜尋一個可以連結的訊息，張探歷史橫梗的迷障，像是望見小鎮的前世與今生。遙遠未知何等引人好奇，現實是殘酷而真實，而「我」在哪裡？心駐留在美麗的遙遠記憶所在！

後語　心中的桃花源・還在

人對無法觸及的未知世界，總有一種渴望探知的想像，想知道那個沒有被雜染的遙遠世界，天道會是一片和諧，萬物欣榮自在，陽光和煦燦爛，是一切只隨著風雲雨露變化、日月星辰流轉的世界。

那是一種對已知的不能滿足，對未知更自在、純粹的無限追求，充滿著心靈層面的投射意念。處在自然與純淨的天地間，人似乎是這種存在，最污穢的組成成分。那份純粹美好，理應不包括人在內最好。但不存在人的世界，何以想像？似乎無有意義！能對人產生意義的極致美麗，也許是香格里拉，也許會是世外桃源？

桃花源，一個可以遠離凡塵的淡泊之地，桑耕自給，世風淳厚的美善，有如世俗嚮往的神仙世界，是超越朝代更替，可穿越時空領域，介於現實與非現實的邊界，是千古傳頌的絕美想望。

以環境美景或人情世態，似可觸及，並能於世間尋得的現實願望，卻仍以虛無難及，非現實的方式存在於千年人心之中，自非在於美景不易覓尋，而在於那樸實無華的自由心志，與清秀似水的自在平和境界，極難到達。在人力可及，人心卻永無止境，所對理想國、烏托邦的追求祈望，才是它千載流傳的原因！

眷戀鄉土的宜蘭人，其對於土地濃烈的認同情感，熱切卻羞於表露，心中又常隱藏著某種桃源之境的連結情愫。現實可見，當然並未如何美好，然是對過去、現在和未來的認同與期盼心境。

地理空間的特殊，獨有脈絡的歷史人文發展過程，讓僻隅後山的宜蘭，自有發展成一種獨具一格的民風民情，總是有一些不同於臺灣其他地方的特有溫度。質樸淳厚的柔軟外在，潛藏著內斂堅定的內在性格，總能磨礪出有別於他地的「宜蘭經驗」。孕生而出的宜蘭選擇，常也能成為臺灣的選擇，而一再加深自我形塑的地方認同。

宜蘭人的自我認同，在更多來訪的人的讚賞與期望中，似乎也獲得某種意識上的自我強化。但因著別人的期待做改變，那會是我們對自己的自我想像嗎？

跪伏大洋中的龜山島，美麗而引人的傳說，民主發展的先驅典範，整治範例的美麗河川，山海秀麗的豐美平原，四季輪番上場的各式活動、民俗慶典；好客的宜蘭人，總不掩的表露出源於土地的自信表情。相較於這種對橫向空間的認同與自豪，宜蘭因相對晚於西部的開發，較不具有像臺灣西部，擁有縱向歷史觀點的時間深度。因此，宜蘭人似乎也沒能在專屬自己宜蘭人的歷史觀點上，有更多相應足夠的關注與表達。作為現代宜蘭人的源起地，宜蘭人將用何種眼光，重新看待開蘭首城「頭城」，存在於宜蘭平原的歷史位置？一種宜蘭精神發啟的根由來源，在令人讚羨的山海美景與引領經驗外，給予世人可有另種更全面的觀看視角！

頭城老街的寧靜現狀，在某種角度看來，有著另一種滯後發展的幸運，在未來有了一種不同發展的空間。青翠山景，碧藍的海，富有歷史韻味的街巷，東西宗教遍陳的廟宇與教堂，舊昔的書院遺風，靈地孕育出的人傑，字畫詩詞，古韻古風，讓這個方寸之地，潛藏再起的生機！讓我們能有機會和時間，保有它較為平和寧靜而真實的生活面，以不使它快速改變成一般印象中的「老街」形貌。不過，這樣的狀況，因著眾所周知的小鎮發展趨勢，我們還能有多少充裕的時間保有它？

時代改變的進程不可阻擋，我們認為需要保有的舊空間與記憶，曾經也是改變更早的過去而來。在歷史的進程，層層累積，每一代祖輩生存所遺留的記憶瞬間，都值得保留。不讓歷史記憶斷鏈，我們需要更豐富的想像！除了現在所擁有的，我們能否再延伸想像力，在那個只聽聞、未曾經歷，卻可能曾經存在過的久遠景象裡尋求，對我們重新理解自己，再次親近它，應會存在某種意義。

想像，是片段記憶間的柔軟連接，是有形與有形的間隔、已知與已知空隙間的融接。無形與未知的成分，會是浪漫與感性；現實的平原未來，祝願樸實無華依舊，清秀似水如斯。情感寄託之地，會是平和寧靜，怡然和諧，美善常在。

前人開拓有成，後人不應守成無功。

從過去到現在，人雖然無法預知歷史發展的進程，無力阻擋環境的自然變遷，但適應著就將到來的必然「改變」，仍有「不變」的美好堅持。珍視這方探尋艱難，開拓不易的桃源，呵護這片雨露與陽光厚待的美地。心中的桃花源，還會在。

Martin
2014

林本源祖館

北門福德祠

南門福德祠

李榮春文學館

慶元宮

盧纘祥宅

源合成

十三行康家古宅

優遊．Life & Leisure
繪夢烏石：山海、平原與族群的交會之境，頭圍歷史寫生

2020年2月初版　　定價：新臺幣450元

著者	馬丁
繪著	馬丁
叢書編輯	張擎
校對	蘇暉筠
整體設計	江宜蔚
編輯主任	陳逸華
總編輯	胡金倫
總經理	陳芝宇
社長	羅國俊
發行人	林載爵

出版者	聯經出版事業股份有限公司
地址	新北市汐止區大同路一段369號1樓
編輯部地址	新北市汐止區大同路一段369號1樓
叢書主編電話	(02)86925588轉5321
台北聯經書房	台北市新生南路三段94號
電話	(02)23620308
台中分公司	台中市北區崇德路一段198號
暨門市電話	(04)22312023
台中電子信箱	e-mail：linking2@ms42.hinet.net
郵政劃撥	帳戶第0100559-3號
郵撥電話	(02)23620308
印刷者	文聯彩色製版印刷有限公司
總經銷	聯合發行股份有限公司
發行所	新北市新店區寶橋路235巷6弄6號2樓
電話	(02)29178022

行政院新聞局出版事業登記證局版臺業字第0130號

本書如有缺頁，破損，倒裝請寄回台北聯經書房更換。　ISBN 978-957-08-5472-5 (平裝)
聯經網址：www.linkingbooks.com.tw
電子信箱：linking@udngroup.com

國家圖書館出版品預行編目資料

繪夢烏石：山海、平原與族群的交會之境，頭圍歷史寫生/馬丁繪・著．初版．新北市．聯經．2020年2月（民109年）．
208面．17×23公分（優遊・Life & Leisure）
ISBN 978-957-08-5472-5（平裝）

1.人文地理　2.歷史　3.宜蘭縣頭城鎮

733.9/107.9/117.4　　109000745